"... E OS JUÍZES FORAM EMBORA DE BERLIM"

e outras inquietações

Ney Bello

"... E OS JUÍZES FORAM EMBORA DE BERLIM"

e outras inquietações

2024

EDITORA *Jus*PODIVM

www.editorajuspodivm.com.br

EDITORA
*Jus*PODIVM
www.editorajuspodivm.com.br

Rua Canuto Saraiva, 131 – Mooca – CEP: 03113-010 – São Paulo – São Paulo
Tel: (11) 3582.5757
Contato: www.editorajuspodivm.com.br/central-de-relacionamento

Capa e Diagramação: Maitê Coelho e Cendi Coelho *(cendicoelho@gmail.com)*

Ilustração da capa: Sebastião Reis Júnior

B446j Bello, Ney
"... E os Juízes foram embora de Berlim" e outras inquietações / Ney Bello. – São Paulo: Editora JusPodivm, 2024.

320 p.

Inclui Bibliografia
ISBN: 978-85-442-5063-1

1. Direito Constitucional. I. Bello, Ney. II. Título.

CDD 341.2

Bibliotecária responsável:
Ana Carolina Ribeiro Mois – CRB7 – RJ 007348/0

1.ª ed., *2.ª tir.:* mai./2024.

UMA QUASE APRESENTAÇÃO

do que trata este livro

Em *Quase Memória*, Carlos Heitor Cony leva o leitor a passear por um mundo que não existe mais. Constrói a narrativa por meio da mescla entre memória, história e ficção a partir da relação com o seu pai – o que traz à tona a dimensão emocional e o espectro do desejo na própria descrição daquilo se afirma como "fato".

O passado é um lugar muito perigoso. Não raro reconstruímos fragmentos como se estivéssemos diante de uma narrativa com pretensões de objetividade e universalidade.

Por trás dessas tentativas de construção de uma narrativa única e coerente sobre o mundo que nos cerca, o que temos na verdade é a fragmentação não apenas da memória, mas da nossa própria subjetividade – vislumbramos, por conseguinte, a percepção de possibilidades múltiplas e plurais de descrever o mundo e a sociedade a partir das variadas descrições que podemos fazer de nós mesmos. Eis uma das indagações das palavras que preenchem as próximas páginas: quem somos?

Este livro é uma aproximação dessa forma de raciocinar envolvendo memória, história, verdade e ficção, tal como Cony ensina. Além disso, o texto é uma tentativa de apresentação da fragmentação do pensamento, sem quaisquer pretensões de linearidade e continuidade, construída inicialmente a partir de textos publicados no *site* Consultor Jurídico entre os hoje longínquos anos de 2016 e 2019 – mas que não se esgota em tais publicações. Portanto, num tempo presente que não trazia em seu "horizonte de expectativas" a pandemia, tampouco a intensificação do caos político e da cisão social na experiência brasileira recente. Não havia, naquela ocasião, roteirista mais habilidoso que a realidade nua e crua do Brasil. Poucos de nós se davam conta de que a expressão "tempos de trevas" era uma metáfora pertinente no Brasil da segunda década do III Milênio.

As reflexões aqui trazidas não têm a pretensão de esgotar temas, mas de apresentar as próprias reticências e inconclusões de um pensamento que segue vivo e inquieto, por mais que se queira, de forma equivocada, homogeneizar olhares sobre problemas complexos e multifacetados por excelência.

Diante desse ambiente confuso, os textos aqui reunidos estão tanto prenhes de perplexidade quanto os dados de realidade que pretendiam – e ainda pretendem – descrever. É uma tentativa de comunicação sobre o mundo e o Brasil dos últimos anos a partir de quatro eixos básicos, por meio dos quais os textos que compõem este livro foram agrupados.

O primeiro eixo, "Do direito para fora", traz textos relacionados a problemas históricos e sociais que, direta ou indiretamente, têm reflexos sobre a compreensão do direito em determinado tempo histórico. Aqui temos as reflexões sobre o papel das religiões, a dinâmica histórica da vida em sociedade, a modernidade, a propalada "pós-modernidade" e o *ethos* da tolerância, que deságua no oceano da racionalidade moderna – elemento crucial para a construção de uma sociedade com práticas democráticas encarnadas na própria vivência coletiva.

O segundo eixo toma por lema um adágio de Lev Tolstói: "se queres ser universal, começa por pintar a tua aldeia". Aqui estão os textos que cuidam de questões universais a partir de problemas locais, mais especificamente da minha Terra-Mãe. O Maranhão me deu tudo que um ser humano precisa para refletir e agir. O Maranhão me fez viver experiências, explorar caminhos e perspectivas e me serve até hoje de guia e orientação sobre como ver o mundo a partir de vivências as mais diversas.

Vivemos hoje em uma sociedade mundial. Uma sociedade em que vizinhos de um mesmo prédio não trocam sequer um "bom dia", mas que pelas redes sociais podem se apaixonar por pessoas que nunca viram em uma interação presencial. Os meios de difusão da comunicação se expandiram de uma forma surpreendente. Portanto, o local e o global são faces de moedas que seguem em movimento no chacoalhar incessante da vida deste século. Enxergar o mundo pelas lentes de São Luís e do Maranhão é sempre um privilégio.

"Do direito para dentro" é o eixo temático que trata da tensão entre direito e democracia a partir da atuação do Poder Judiciário no Brasil. Aqui são trazidos para o campo jurídico os reflexos dos problemas diagnosticados no primeiro eixo, de forma a perceber as instituições acuadas pela opinião pública, pelos *likes* das redes sociais e pelo imediatismo do desejo de punir. A ânsia pela punição do "inimigo", nessa "lógica" disfuncional, deve ser saciada quase como num gozo, a despeito do direito, dos direitos e de todas as conquistas da modernidade que não podem ser vilipendiadas, sob pena de descaracterização do nosso Estado Democrático de Direito. Ademais, a sociedade brasileira já percebe a democracia como uma "aquisição evolutiva", na feliz expressão de Niklas Luhmann, e, malgrado a existência de inúmeras forças em contrário, não admite o retrocesso a contextos pré-modernos, sem racionalidade no plano filosófico e sem cidadania no plano político.

Já em "O direito por dentro e por fora", os textos trazem com mais clareza a contaminação do sistema jurídico brasileiro, mais especificamente de suas organizações, por ideais punitivistas, como se o Direito Penal como *ultima ratio* fosse apenas um mecanismo formalizador do desejo político e midiático pela destruição do diferente e das diferenças. Temos também neste quarto eixo a propositura de caminhos para que as semânticas do Direito Penal e do Direito Processual Penal sejam mais adequadas aos programas de orientação fixados pela Constituição da República. Para além de detectar os problemas, temos aqui o esboço de algumas sendas para a vivência de uma práxis jurídica – em especial do Direito Penal e do Processo Penal – mais próxima das determinações constitucionais, inclusive por um dever de consistência interna da ordem jurídica.

O contexto social no qual os textos deste livro foram escritos revela muitas vezes um olhar de poucas esperanças para o futuro que se observava naquele tempo presente. Em outros momentos, o direcionamento para alternativas de ação em busca de uma atuação mais republicana das Instituições aponta para um fio de esperança. Porém, a percepção da época era de terra arrasada. Berlim rendida e ajoelhada.

O fato de os juízes terem ido embora de Berlim não pode nos fazer esmorecer. É hora de reconquistá-la, e os novos ventos que sopram sobre a política e a sociedade brasileiras mostram que a hora é agora. Não há momento mais propício para o resgate dos ideais modernos de justiça, tolerância e diferença.

Que os juízes voltem para Berlim. Este livro é um convite para escutarmos – e com isso vivenciarmos – os sons de uma marcha-regresso.

No caso, o som do caminhar em compasso de retorno ao lugar de onde os juízes nunca deveriam ter saído.

Brasília, inverno de 2023.

Ney Bello

PREFÁCIO

Vivemos atualmente em um mundo que nos causa profunda perplexidade, diante da crescente ausência de valores e parâmetros nos planos político, pessoal, filosófico e religioso, a qual atinge a todos nós indistintamente. As pessoas, ademais, são hoje reféns de certos fenômenos negativamente impactantes, que têm crescido sorrateira, mas constantemente, como a perda da privacidade, a massificação, a burocratização e o autoritarismo, público e privado, que contribuem para, pouco a pouco, sufocar individualidades.

Com efeito, sente-se, por toda a parte, um mal-estar difuso, porém persistente, uma espécie de *malaise* sem causa específica, que se revela por medos, angústias, fobias, neuroses e ansiedades em grande parte dos indivíduos. Alguns atribuem esse desconforto à chamada "pós-modernidade", conceito que ainda aguarda uma melhor definição por parte dos estudiosos.

Trata-se, numa primeira avaliação, de um novo comportamento das pessoas, cujos reflexos são sentidos no campo da filosofia, psicologia, sociologia, economia, política, do direito e até mesmo no âmbito das ciências exatas e naturais.

Não obstante a falta de unanimidade quanto ao tema, é possível constatar, de plano, que se trata de um novo tipo de conduta, de um outro modo de ser das pessoas, antagônico à retrógrada cosmovisão medieval, superada desde os albores da "Era Moderna", que tinha como nota distintiva a crença na prevalência da razão e da ciência como vetores do progresso da humanidade.

A pós-modernidade, ao revés, caracteriza-se por um profundo ceticismo com relação a tudo e a todos, sobrelevando um sistemático repúdio a quaisquer dogmas estabelecidos. As epistemologias que, desde os albores do modernismo, buscavam explicações abrangentes para o cosmos, o homem e a sociedade, começam a ser paulatinamente abandonadas, sendo substituídas por visões fragmentadas e, como regra, efêmeras da realidade.

Os indivíduos deixaram de ter as comunidades religiosas, científicas, étnicas, afetivas ou territoriais como pontos de referências, passando a predominar o individualismo, o consumismo, o hedonismo e o imediatismo nos contatos interpessoais. As relações sociais passam a caracterizar-se pela fugacidade, precariedade, impessoalidade e objetividade. Em resumo, transcorrem sem maior envolvimento pessoal de cunho subjetivo ou emocional.

Como pano de fundo dessas transformações, tem-se o processo de globalização, que vem ensejando a introjeção de valores artificiais e transitórios, resultantes de modismos que se sucedem frenética e desordenadamente. A comunicação instantânea pela internet potencializou a absorção desses modismos, os quais, mal digeridos, são imediatamente substituídos por outros.

Por isso, não há nada mais importante, no atual momento histórico – em que a sociedade precisa reencontrar ou reconstruir valores que permitam assegurar a própria sobrevivência da – do que o tema da democracia.

Em pleno século XXI, a ideia de democracia ainda se encontra de certo modo presa a concepções do século XVIII, cujo foco se concentrava na garantia dos direitos individuais e na contenção do poder político. Mesmo aqueles que hoje ousam ultrapassar os limites doutrinários estabelecidos há mais de 200 anos, restringem-se, como regra, a sugerir formas alternativas para o exercício da governança.

Em que pese a multissecular discussão em torno da democracia, parece evidente que não basta simplesmente prestigiar o aspecto institucional desse regime inegavelmente superior de convivência social, pois tal atitude, não raro, serve de conveniente biombo para camuflar as mais cruentas ditaduras.

Nos dias que correm, quem pensa em democracia, seja qual for a respectiva opção político-ideológica, deverá ter como referência a plena fruição dos direitos fundamentais, em suas várias gerações ou dimensões, não apenas os individuais, mas os sociais e aqueles que dizem respeito a todos os seres humanos qualificados como direitos de fraternidade ou de solidariedade.

Norberto Bobbio, a propósito, em seu livro *Era dos Direitos*, lembrava que eles já se encontram suficientemente estudados e compilados em diferentes constituições, tratados e leis ordinárias, tendo chegado o momento de colocá-los efetivamente em prática.

O Judiciário, enquanto Poder do Estado, por evidente, não pode ficar – e nem tem ficado – alheio à questão da democracia, verificando-se que o seu protagonismo na arena pública vem crescendo a cada dia, sobretudo no tocante à efetivação dos direitos fundamentais e à formulação de políticas públicas em defesa de minorias desprotegidas.

Mas para atuar com um mínimo de coerência nesse novo ambiente, o Judiciário, precisa transcender as suas tradicionais reivindicações corporativas – ainda que justas e legítimas – bem como evitar o brilho fugaz e enganoso da aprovação social de alguns de seus integrantes. Deve ingressar decisivamente no intrincado e fascinante universo da macropolítica, sem se envolver na micropolítica própria das agremiações partidárias.

Essa, dentre outras, é a linha de reflexão com as qual Ney Bello nos brinda nesta instigante obra intitulada *"... E os juízes foram embora de Berlim" e outras inquietações*, que tenho a honra de prefaciar.

O título do livro inspira-se em uma conhecida história, que já faz parte do folclore jurídico. Consta que, em 1745, o rei Frederico II da Prússia, ao olhar pelas janelas de seu recém-construído palácio de verão, verificou que um velho moinho lhe perturbava a visão dos jardins. Os seus ministros apressaram-se então em intimar o moleiro a demoli-lo. Este, no entanto, insurgiu-se contra a ordem, dizendo que não temia a autoridade do soberano, por mais poderosa que fosse, pois acreditava que "ainda havia juízes em Berlim". Tal frase passou a representar a crença das pessoas comuns na existência de magistrados justos e independentes.

Como assenta o próprio autor, o livro colaciona "textos relacionados a problemas históricos e sociais que, direta ou indiretamente, têm reflexos sobre a compreensão do direito em um determinado tempo histórico". São reflexões que, sem desbordar do sempre sensível papel das religiões, incluem análises sobre a dinâmica social dos tempos atuais sob a ótica da globalização, da modernidade e da pós-modernidade, nas quais busca compreender a racionalidade subjacente à construção de uma democracia como "aquisição evolutiva", expressão que toma emprestada do renomado pensador Niklas Luhmann, "malgrado a existência de muitas forças em contrário".

Ao longo de suas indagações, o autor dedica um considerável espaço ao papel exercido pelo Judiciário na sociedade contemporânea, embora lamente que, não raro, ele reflita o sentimento de "instituições acuadas pela opinião pública, pelos *likes* das redes sociais e pelo imediatismo do desejo de punir". Complementa anotando que uma tal "ânsia pela punição do 'inimigo', que "nessa lógica disfuncional, deve ser saciada quase que num gozo, a despeito do direito, dos direitos e de todas as conquistas da modernidade que não podem ser vilipendiadas, sob pena de descaracterização de nosso Estado Democrático de Direito".

A hipercomunicação que, atualmente, ocorre com a proliferação das redes sociais, especialmente a circunstância de que as pessoas, nos dias que correm, se informam e se relacionam predominantemente em um meio virtual, ajuda a compreender esse nefasto fenômeno o qual estimula um protagonismo pessoal dos juízes que logra escapar aos constrangimentos deontológicos institucionais.

A análise apresentada neste livro, metodicamente construída a partir de uma perspectiva heterodoxa e inovadora, reflete a sólida formação acadêmica e a impecável carreira profissional de seu autor. Trata-se de um magistrado de carreira, cujo brilho profissional é unanimemente reconhecido, e que exerce presentemente, com singular proficiência, o cargo de desembargador no Tribunal Regional Federal da 1ª Região.

Obteve o grau de bacharel em Direito pela Universidade Federal do Maranhão, tendo conquistado com invulgar brilho os títulos de mestre Universidade Federal de Pernambuco e de doutor pela Universidade Federal de Santa Catarina. É também pós-doutor pela Pontifícia Universidade Católica do Rio Grande do Sul. Além disso, frequentou vários cursos de extensão universitária no Brasil e no exterior, em especial na Bélgica, na Itália, nos Estados Unidos e em Portugal.

Acadêmico de destaque, possui vasta experiência docente tanto na graduação e como na pós-graduação, exercendo o magistério nas mais prestigiosas instituições de ensino superior do país, destacando-se dentre elas a Universidade de Brasília. Ademais, é autor de inúmeros livros e artigos jurídicos, que têm servido de substrato não apenas às suas elogiadas decisões no exercício da judicatura como também a trabalhos de inúmeros outros profissionais do Direito.

Está-se, enfim, diante de um livro que demonstra que é possível aliar o rigor científico a uma linguagem acessível, sem a perda de uma verve literária cativante. Um exemplo dessa licença, que poderíamos chamar de poética, é constatação do "fato de os juízes terem ido embora de Berlim". E para que retornem, o autor indica algumas "sendas para a vivência de uma práxis jurídica – em especial do Direito Penal e do Processo Penal – mais próxima das determinações constitucionais, inclusive por dever de consistência interna da ordem jurídica", de maneira a que se volte a ter "uma atuação mais republicana das instituições".

Finaliza lançando um repto para que os juízes empreendam uma "marcha regresso", retornando a Berlim, ainda que "rendida e ajoelhada", para que resgatem "os ideais modernos de justiça, tolerância e diferença".

Trata-se, enfim, de um trabalho ousado e atual, que merece ser lido por todos aqueles que têm esperança de viver em um mundo melhor e mais humano, no qual os magistrados, deixando de lado suas vaidades e idiossincrasias pessoais, tornem a exercer a tradicional função de garantir a paz e a harmonia social para a qual – desde tempos imemoriais – foram instituídos.

Brasília, verão de 2024.

Ricardo Lewandowski
Professor Sênior da Faculdade de Direito
da Universidade de São Paulo.

Sumário

1
DO DIREITO PARA FORA

sobre problemas históricos e sociais

2
O UNIVERSAL PELO PARTICULAR

pensar o mundo pela régua e compasso do Maranhão

3
DO DIREITO PARA DENTRO

Judiciário, direito e democracia

4

O DIREITO POR DENTRO E POR FORA

semântica do Direito Penal e do Direito Processual Penal na atuação do Poder Judiciário brasileiro

1

DO DIREITO PARA FORA

sobre problemas históricos e sociais

1.1

A cidade das religiões

Jerusalém: cidade sagrada para três religiões. Três religiões que se subdividem dentro dos muros da cidade velha. Cidade velha que abriga algo bem diferente dos espíritos elevados multifacetados e tolerantes. Dentro daqueles muros não se respira a paz que as religiões pregam.

A cidade dourada carrega consigo tantas intolerâncias e tantos ódios que é impossível cruzar a Porta de Jafa ou a Porta de Damasco sem sentir o peso das divergências. Jerusalém também é a cidade da paz impossível.

O judeu ortodoxo que reza vestido de preto à moda do século XVIII e sacudindo seu corpo ritmadamente junto ao Muro das Lamentações a repetir a cabala, nada tem a ver com o cristão russo-ortodoxo que lava insistentemente uma pedra de mármore na igreja do Santo Sepulcro sob a crença de que o corpo de Jesus foi limpo naquele local por Maria e Madalena. E nenhum deles tem qualquer relação com o muçulmano sunita que não sai de dentro do templo da rocha para falar com qualquer não islâmico – e nem permite a entrada de quem não seja, como ele, crente – na certeza de que naquele local Maomé ascendeu aos Céus para se encontrar com Alá.

Em nenhum outro local do mundo estes espaços são contíguos e fazem parede-meia uns aos outros. Mais ainda, não vê outro lugar onde a posse de espaços traga consigo também o ódio do outro possuidor seu vizinho que, dada a proximidade, usurpa o direito sagrado de cuidado e uso do lugar de Deus.

E mesmo os caminhos de Jesus, Moisés e Maomé não são unívocos. Dentro dos muros eles se subdividem em ao menos quatro vertentes religiosas católicas: a ortodoxa da Armênia, a ortodoxa grega, a ortodoxa russa e a católica apostólica romana. Há judeus que se rivalizam em duas posições religiosas – ortodoxos e não ortodoxos – e há muçulmanos que podem ser alauítas, sunitas ou xiitas. Isto sem contar com os calvinistas e os luteranos, que também possuem seu lugar de culto na Cidade Velha e recebem seus adeptos evangélicos.

Jerusalém, com tantas divindades religiosas, é um caldeirão que ferve prestes a derramar; é uma bomba relógio no aguardo da próxima explosão. Não pelo fato de muitos rezarem para múltiplas versões do seu Deus monoteísta, mas porque rezam na certeza de que são os únicos legitimados, e excluem os demais.

Transpor aqueles portões durante quinze dias reforçou em mim um agnosticismo que já andava de braços dados com o humanismo e com a tolerância. A paz e o respeito ao outro estão completamente ausentes da metafísica que banha a cidade.

Há limitações do direito de ir e vir; há metralhadoras nas esquinas; há ódio decorrente da escolha do Deus; há disputa por espaço que decorre exatamente da sacralização dos lugares e do desejo de fruição exclusiva do ícone físico que representa o sagrado.

Em Jerusalém, a religião não faz parte do espaço privado. Muito ao revés, ela congloba todos os limites da vida humana. Ela é totalitária e excludente. Tanta crença gera infinitos ódios, que geram violência e mortes.

Pisar Jerusalém é entender que ao invés de existirem para trazer felicidade, as religiões podem existir para trazer dor. "Mais lágrimas foram derramadas por preces atendidas do que por preces rejeitadas."

Jerusalém terminou-me sendo a cidade do agnosticismo! Ela me mostrou que a inexistência de religião parece ser a única forma de tolerar o diferente, de obter paz com o outro e salvar a beleza histórica de uma cidade que se confunde com a própria existência humana.

1.2

Votar, rezar e amar...

Não são poucas as conquistas da modernidade. É certo que nosso modo de pensar é fruto do acúmulo de experiências através dos tempos, mas a viragem da racionalidade definiu a humanidade tal e qual a vemos hoje. Dentre as tantas gênesis tributárias do Iluminismo uma delas é a marca do Ocidente: a separação entre religião e Estado, com a fixação das compreensões metafísicas do mundo no espaço privado, longe da seara pública.

A privatização da metafísica é necessária para que possamos conviver com a diversidade de crenças e de entidades que adoramos em nossas vidas particulares. "Meu pai Oxalá" não é menos importante que "Nosso Senhor Jesus Cristo", e nem guarda assimetria com "Maomé". Deus, Alá ou Javé podem ser entronizados em quaisquer lares e em quaisquer altares, porém jamais devem guiar os desígnios de um Estado laico.

A lição iluminista já vem de mais de dois séculos, mas parece que num dado momento ela foi esquecida e as trevas e as cavernas escuras substituíram a praça e as arenas, nesse lado sul do atlântico onde se fala a língua de Camões.

Deus virou a desculpa para atos que representam muitas outras coisas, menos quaisquer bons sentimentos. E nessa prática abusiva de ressignificação de termos como "Deus" ou "Fé", passou-se a pregar a violência, o armamentismo e a intolerância.

E se não fosse o bastante pregar que a religião deveria condenar à morte os homoafetivos, os miseráveis, os encarcerados e os "comunistas", ainda se propaga com base na fé a liberdade de portar armas e agredir os outros. E mesmo que tal já não extrapolasse o limite do aceitável, ainda se verbaliza que esta assunção de ideias torpes deva ser capitaneada pelo próprio Estado, junto com o seu líder que faz pose fazendo metáfora de arma com os dedos das mãos.

Um Deus que prega violência e apoia a intolerância? Nada mais contraditório com o próprio conceito, que é metafísico por excelência. E com isso os terreiros, os pretos, os pobres, os povos originários e os muçulmanos vão sendo vítimas de intolerância e de agressões em nome de uma fé totalmente diferente daquela professada por Francisco. E com isso, o Estado vai perdendo uma por uma todas as conquistas da modernidade, tornando-se uma extensão do mundo privado e, pior, do universo particular de quem usa Deus como um negócio e a religião como uma desculpa.

Vale lembrar que as palavras Deus, Pátria, Família – acopladas à ideia do "acima de tudo e de todos" – foram usadas em terras alemãs há pouco mais de setenta anos, e suas consequências nefastas são sentidas e relembradas até hoje.

1.3

A intolerância bate à porta

A linearidade da história já foi negada diversas vezes por acidentes factuais. Quando se imaginava que as fogueiras do Rossio e a Santa Inquisição eram um passado remoto, milhões de judeus encontraram o desprezo e a morte em Auschwitz e Treblinka.

A história se submete a fluxos e refluxos, e nem sempre o mal e a intolerância estão definitivamente banidos; nunca é certo que o passado distante se vá esquecido. Ele pode retornar com muita força, se as precondições se apresentarem mais vivas do que nunca.

Minha geração cresceu na brisa da igualdade, navegou nos ventos da aceitação das diferenças e viu-se madura na tolerância.

O Brasil da crise política é o Brasil do xenofobismo, do sectarismo e do desrespeito às diferenças. Com muita facilidade se vê agressões a homossexuais, a movimentos sociais, aos negros, às esquerdas e ao ateísmo. De repente, não mais que repentinamente viramos intolerantes.

Por qual razão?

"É a economia, estúpido", diria Bill em outro contexto, a partir do *slogan* criado por James Carville.

Se a economia fez Clinton manter-se popular em meio a escândalos morais, a mesma economia fez o Brasil andar para trás, abandonando todos os seus ganhos éticos. "Em tempo de farinha pouca, meu pirão primeiro", diria a senhora que vendia bombons na calçada da casa de minha avó.

O governo era de esquerda, e propunha políticas de igualdade e de renda mínima. Apostava na inclusão social como instrumento de crescimento e rompia com o elitismo, a aristocracia, a segregação e as exclusões sociais.

Veio a crise cíclica no universo do capital e o Brasil foi tragado para o ralo do capitalismo.

O caos econômico foi associado aos movimentos sociais, à igualdade, à alteridade, à liberdade feminina e à inclusão social. O direito dos homossexuais passou a ser visto como decorrente de ato que prejudica a vida dos heterossexuais do país. Um horrendo estupro coletivo pôde ser pensado como "explicável" pela conduta da vítima.

Cuidar dos outros, incluindo-os na sociedade e exercitando a igualdade, rivalizou-se com perseguir e oprimir quem trabalha.

Colarinhos-brancos foram perdoados e bonés vermelhos, combatidos. A ética do pensar o outro como um irmão foi negada pela crueza do dinheiro pouco.

O ateísmo cedeu a discursos religiosos emotivos que limitam a liberdade de não crer em Deus. As cotas no ensino vilipendiadas, e as rendas mínimas reclamadas como salário para preguiçosos.

O Brasil se viu egoísta.

E não raro algum *Bota-para-moer*, de braços dados com *Rei-dos-Homens* clama por um elitismo, um militarismo, uma monarquia.

Ou respiramos fundo e sossegamos nossa mente em meio à crise ou a história se repetirá como tragédia.

Mais que nunca, precisamos nos vigiar contra a intolerância, ou os anos que vivemos serão conhecidos como o tempo em que o Brasil, definitivamente, andou para trás.

1.4

O ano que não terminou

Explicar o que foi o ano de 2013 através das lentes da ciência política ou sob o crivo da sociologia é tarefa impossível no tempo presente, e não será tarefa fácil no futuro. Zuenir Ventura terá de ser competentemente substituído por algum historiador ou literato que consiga pôr em papéis e tintas o que terá sido esse ano que ainda não acabou.

Não mais que de repente, vimos eclodir movimentos populares clamando por mudanças e trazendo a reboque sentimentos obscuros e obtusos que já haviam sido, acreditávamos, superados pelos movimentos racionais do pós-guerra. Pela primeira vez em muitos anos vimos a ocupação de ruas e praças pela direita, e não mais por sindicatos ou movimentos de esquerda, como foi o hábito urbano desde os tempos da ditadura militar.

Misturada à pauta de mobilidade urbana e discussão acerca do preço das passagens de trens, ônibus e metrô vieram à ribalta reclamações contra o sistema educacional, o sistema de saúde a segurança pública e a direção da economia.

Até esse ponto, nada de novo no *front*.

Porém, o que se tornou incompreensível, ou se cognoscível para alguns, ao menos novidadeiro, foram as pautas públicas de exclusão social, de xenofobismo, de armamentismo, de sexismo, de machismo, de racismo, de intolerância e de conservadorismo que vieram acopladas aos movimentos públicos e que terminaram por clamar contra a inclusão social, contra a igualdade de gênero, contra o serviço de saúde universal, contra a universidade pública, contra as políticas de combate à fome e, pasmem, contra os direitos humanos. Não fora o bastante, chegou-se publicamente a reclamar da democracia, solicitar e incentivar golpe de estado e ditadura.

Esse é um país que não é para ser analisado ou pensado por amadores, sem dúvida.

Talvez uma resposta para tudo que aconteceu há não mais que dois anos deva estar na facilidade com que os conceitos são turvados e torcidos; deve estar na tranquilidade como que a linguagem é usada por muitos sem qualquer aderência à realidade. Uma virtualidade absoluta que abandona a correspondência entre linguagem e objeto real, entre o conceito e o próprio objeto.

O próprio conceito de "homem de bem" é construído sobre *topoi* que nada têm a ver com correção moral ou ética. O Homem de bem é, sobretudo, mau.

A culpa do homem de bem não ter tido sucesso na vida é do "governo" ou de outro sujeito que toma o seu lugar "injustamente".

A hipercomunicação comprime o dia a dia das pessoas com conceituações distorcidas e intensifica o processo de culpa do outro pelo malogro individual. Essa narrativa termina por distorcer a realidade e, a bordo do mito da neutralidade da linguagem, impõe as ideias gestadas na irracionalidade virtual sobre o mundo dos fatos. Muitos anos de consumidores inseridos não fizeram de todos nós cidadãos republicanos.

Haverá muito a ser analisado num futuro próximo, quando estaremos distantes desses fatos... longe o bastante para analisar o ano de 2013. O ano que não terminou.

1.5

As palavras e os homens

A palavra precede o homem. Esta é a mais importante lição dos Ukuluns, um povo que ocupou em tempos imemoriais as estepes de um continente que já não existe mais.

As informações que chegaram até nós vêm apenas de inscrições cuneiformes, interpretadas e traduzidas por arqueólogos de uma única universidade, localizada no sul da França. Trata-se de uma civilização esquecida que se construiu pela palavra.

Ao invés de criar a sua própria linguagem, a civilização dos Ukuluns foi criada por ela. Eles são fruto das palavras pronunciadas e escritas, são consequências das letras arregimentadas para a formação de sons. Até então, as palavras eram desprovidas de qualquer sentido.

Antes do acontecimento aqui narrado, elas eram apenas letras agarradas umas às outras em razão da necessidade de sobrevivência, pois o viver e o morrer eram fatos condicionados às possibilidades físicas de os seres pronunciarem-nas. Acaso uma letra se juntasse a outra sem que a união permitisse qualquer som emanado pelos trogloditas existentes nas estepes, a palavra nascente seria esquecida, e então estaria condenada à morte. O esquecimento da palavra era a sua sentença de morte, e o instinto de sobrevivência é que fazia com que as letras se agregassem de uma maneira ou de outra.

Conforme sabemos, em uma manhã invernal as palavras fugiram das escrituras e das bocas e ganharam o mundo. Em fuga, diversas delas despedaçaram-se em letras, ditongos, tritongos, hiatos e sílabas – agudas e tônicas. Foi uma festa pagã, por assim dizer, de palavras – inteiras e mutiladas – que, em fuga para ganharem o mundo, divorciaram-se da tirania dos sons e das leituras ininteligíveis e percorreram todos os limites do mundo conhecido. Não percorreram os quatro cantos porque, segundo se sabe, as estepes eram circulares, o que permitiu às palavras apenas circularem pelo mundo conhecido. Sabe-se que as vogais foram se aproximando das coisas mais simples, mais terrenas, mais amenas. Chegaram mesmo a se afeiçoarem às coisas vivas, dando leveza e desenvoltura às matérias as quais se aproximaram. Já as consoantes, mais duras, inflexíveis, tenderam a chegar perto das coisas complexas, do metafísico, do etéreo, do intangível.

Não havia, até então, homens para delas se apropriarem, e as palavras corriam soltas, aproximando-se de um lugar qualquer para logo em seguida alçarem voo em direção a outros objetos, outros seres e outros elementos. É provável que a ideia segundo a qual é por meio das palavras que se pode pensar e, portanto, voar, não fosse uma metáfora, mas sim uma recordação do tempo em que as letras e palavras voavam pelas estepes em busca de objetos.

Após séculos circulando, aproximando-se e depois fugindo de materiais, lugares, seres e coisas, um evento inusitado ocorreu. Uma palavra apaixonou-se tão fantasticamente por um ser inanimado que dele não mais quis se distanciar, e passou a viver uma relação de perfeita fusão, ou simbiose e, não mais que de repente, a palavra passou a significar o objeto, e o objeto tendia a ser conhecido pela própria palavra. Era o começo da era dos Ukuluns, conhecida como "Era da significação".

As palavras começaram a correr atrás de tudo o que existia para se apaixonarem e viverem a sua história de amor eterno. Tudo que até então existia passou a estar agregado a alguma palavra, em um romance que se dizia eterno e que se chamaria, segundo o vernáculo do futuro, denotação. A denotação ou significado denotativo era o nome do romance, que se queria eterno, entre as palavras e as coisas.

Hoje quando acordei as palavras haviam fugido de meu dicionário, e as páginas do meu velho livro amanheceram em branco. Estamos no século XXI e é um tanto mais difícil acreditar que as palavras saíram para passear e branquearam as minhas páginas. Talvez algum efeito cientificamente explicável, ligado à tinta ou ao papel, seja mais factível.

A história que eu desejo contar não acaba aí. Não termina com a fuga das letras inanimadas, em busca de objetos de furtiva paixão. Assim como no mundo dos seres humanos, no mundo das palavras os amores não são eternos, e algo que hoje se conhece por certa palavra, no futuro poderá ser conhecido por outra palavra.

Se nos tempos dos Ukuluns assim foi, nos tempos dos pós-modernos em que vivo este movimento parece ser diferente. Hoje vivo o tempo das palavras fugitivas. O tempo das palavras que deixaram meu léxico para correrem atrás de outras formas. A fuga das palavras é o tropeço da verdade.

O que é honestidade? Democracia? Direito? Justiça? Essas provavelmente foram fugitivas de primeira hora que abandonaram meu dicionário. Palavras corredoras à procura de objetos num mundo pós-moderno, pré-histórico, para aquém dos Ukuluns.

1.6

Falsos conceitos

A humanidade sempre se utilizou de narrativas para esconder a verdadeira razão das ações humanas. A hipocrisia nunca foi uma exceção, e sim uma prática. A política de quotas raciais apenas se torna um problema quando o filho da empregada doméstica entra na universidade pública e a filha da patroa não; democracia só é um conceito válido para o "homem branco" quando ele consegue fazer com que a maioria siga as suas ideias e vontades. É assim.

Tem sido assim.

Quando o defensor da família não educa a sua própria família; quando o brado dos valores familiares, morais e educacionais se confundem com violência, armas para crianças, homofobia e machismo, como crer na fixidez de conceitos?

Discursos moralistas que terminam por construir uma elegia à violência agridem a ideia de legitimidade do próprio narrador.

A hipocrisia graça como mera narrativa mentirosa para esconder o real. Uma desculpa para a negação de fatos e para manter em engano que termina por confiar no esvaziamento conceitual.

Sabemos o que são pedaladas fiscais?

1.7

Até outra noite, querido sonho

E por 61 a 20 algumas ideias ficaram órfãs. Alguns sonhos foram despertados por um sol da noite, que mais se assemelhou a uma escuridão medieval. Por 3/4 de um plenário nada glorioso algumas esperanças terminaram sob uma última pá de cal. A última, porque a primeira havia sido lançada ainda no mensalão; e a segunda veio à cova de braços dados com a Petrobras.

Porém, se o sonho continha uma política cheia de honestidade, movimentos globais pela igualdade, liberdade de expressão ampla e direitos humanos a todos acessíveis, qual a razão de sentir-se órfão quando o projeto se despede melancolicamente da ribalta?

Basta ver o corpo de juízes e as posturas dos inflamados aficionados pela queda do governo, para entender uma das razões: o chapeleiro maluco tomou conta da festa, o sorriso do gato é mais cínico do que nunca, e o relógio do apressado coelho gira os ponteiros avidamente na direção da irracionalidade. Nada caracterizou mais a loucura vivida do que a insanidade a bordo de uma carteira de advogada, convencendo-se da sua própria pequenez e da sua evidente instabilidade emocional, pitorescamente envergonhando um largo e uma arcada, e muitas gerações que por lá passaram.

A orfandade vem da vitória da Rainha de Copas que, ao vencer o jogo e cortar a cabeça da Alice, em nome da própria liberdade de existir e sonhar, é protagonista daquilo mesmo que diz combater. A orfandade vem da desculpa utilizada para desfazer o resultado da escolha da maioria – construindo um discurso inverídico para manter no palco todos os coautores, retirando do cenário a vontade popular. O "tchau, querida" caiu muito bem àquele momento: *tchau, querida democracia*. Tchau para um sistema em que o povo coloca e o povo retira, e loas ao momento em que os coautores de outros réus retiram quem não cometeu crime para continuarem eles próprios a cometerem os seus tantos, protegendo-se uns aos outros.

A queda – política e não jurídica, emocional e não racional, apaixonada e não justificada – deveu-se jamais pelo cometimento de qualquer delito, que em nenhum momento houve, mas pelo exercício de um governo, pela contribuição involuntária para uma crise sistêmica e por uma sequência de assassinatos à honestidade praticada por muitos e diversos aliados, todos localizados na antessala e no gabinete ao lado. Cabe a frase do bêbado sob o palanque de Salvador Allende: "Este é um governo de merda, mas é o meu governo".

É assim em todas as democracias.

Criou-se, por interesse partidário e pessoal, uma cláusula que não existe na Constituição: o voto de desconfiança do Parlamento a um Poder Executivo eleito diretamente. Uma jabuticaba que a "cunha" de um conhecido careceu inventar para sua proteção pessoal.

E o que vem a reboque da vitória da Rainha de Copas? Com ela o desprezo à diferença, o desejo de ditaduras, o controle da elite sobre a maioria, a festa do butim privado, as ganas colonialistas pelo fim da igualdade, e lá no fundo um certo desprezo: pelo pobre, pelo negro, pelo homossexual e pelo esquerdista, relegando à mulher a inferior postura de "recatada e do lar". As serpentes saíram do submundo.

Do sonho que morreu surge um pesadelo: a culpa é dos professores, da educação, das universidades, da liberdade, da igualdade e – também – de quem produz cultura, pois artista é "tudo vagabundo".

Essa é a ideia de tantos que seguem o efeito manada, ávidos por culpar alguém por suas próprias infelicidades, incapacidades e incompetências.

E há um motivo a mais para a orfandade: com erros e acertos, estávamos todos caminhando para um país melhor. Mais ocidental, menos colonialista, mais igual. E alguns da esquerda, aliados aos agora justiceiros, – bandidos que como todos não têm nem pátria, nem bandeira, nem partido e nem ideologia – forneceram a desculpa derradeira para que os expulsos da mesa pelas próprias eleições pudessem retornar ao banquete dos nossos recursos públicos. Nunca tantos criminosos julgaram uma só inocente.

Resta à história recompor as ideias.

Para a minha geração valerá seguir em frente ainda acreditando na liberdade, na igualdade, num mundo mais justo... E beijando os filhos olhando nos olhos e acreditando que nada vale mais do que ter a convicção de se estar no lado certo da história, e não ter nada do que se envergonhar.

1.8

Adeus à razão

A racionalidade para operar necessita de um consenso linguístico e conceitual. Se não estivermos falando das mesmas coisas, ainda que de forma abstrata e tendo por pontos de observação lugares antagônicos, não vamos ter hipótese de compreensão mútua. Nem a discordância torna-se possível. Não falaremos a mesma linguagem, ainda que estejamos falando português.

Nos tempos que correm os absurdos que frequentavam as tirinhas de comédia dos jornais circulantes passaram a ser premissas incontestáveis para alguns, e, para outros, passaram a fazer parte do cotidiano e do espectro de possibilidade de serem reais.

A chamada pós-verdade invadiu o convencional, e ideias totalmente irracionais vieram a ser consideradas.

Por influência da hipercomunicação, o terraplanamos, a letalidade das vacinas, a existência de uma conspiração que mata bebês e os dilui em refrigerantes, o desejo governamental de inverter o sexo de crianças impúberes e a vontade clara de escravizar os homens brancos, heterossexuais, cristãos e ricos pareceu pauta razoável para pessoas até então razoáveis.

O mundo ficou louco? O sertão foi virando mar e o mar se viu na obrigação de virar sertão?

E as universidades públicas? As pesquisas viraram industrialização do manuseio de fetos abortados e as salas de aula substituídas por lojas de maconha e centros organizadores de orgias.

Uma lista de pós-verdade difundidas às custas de *fake news* aos borbotões pela internet, fruto da hipercomunicação.

Mas como enfrentar com a modernidade, com a racionalidade tantos discursos irracionais?

E quando desembesta para dentro do Judiciário a loucura coletiva das redes sociais? Quando magistrados passam a usar premissas insanas e delas gerar ingerências que conduzem a conclusões absurdas?

Quando procuradores movem ações públicas para impedir que o governo distribua mamadeiras em forma de pênis ou cartilhas explicando que ser gay é o caminho da liberdade para todas as crianças, o que fazer?

E quando juízes vão a reboque dessa loucura e concedem liminares ou conferem juridicidade à argumentação fantasiosa sobre fatos absurdamente inexistentes?

Quando a caneta é confundida com um pneu e o Judiciário manda calibrá-lo?

O que fazer?

Se os juízes precisam voltar para Berlim, é certo que outros tantos necessitam voltar para a realidade e recuperar a sanidade de si mesmos.

1.9

Bafana-Bafana: quem somos nós?

Quando Adolf Eichmann foi julgado em Jerusalém pelos crimes de guerra nazistas – e condenado principalmente por tomar parte na idealização e execução da Endlösung, ou 'solução final' – algo chocou a racionalidade do mundo ocidental: este algo foi o que Hannah Arendt chamou de "banalidade do mal".

Diante de seus interrogadores e juízes, ávidos por encontrar respostas para centenas de mortes, o criminoso de guerra apresentou-se ao mundo como um homem normal, que conservava a sua racionalidade na vida cotidiana. Isso era chocante. Como era possível levar filhos à escola, ir normalmente à missa, dar presentes no Natal e ao mesmo tempo praticar tantos horrores?

Matar demonstrou-se banal. Segregar, remeter homens – filhos de outros homens – para guetos e campos de concentração, e exterminar os diferentes considerados inferiores mostrou-se simples, quase casual.

É da essência do totalitarismo o desfazimento da condição humana. E quando a humanidade mergulha em defesa de uma ideia que se apresenta como compreensão perfeita e total, isto pode ser mais poderoso que a racionalidade moderna, pondera Hannah Arendt.

O holocausto era uma atitude que soava como desejo da maioria de um Estado, era tolerado por vários outros seres humanos e era, enfim, para desespero da racionalidade, algo normal para mais que alguns homens que puderam ser classificados como loucos.

A normalidade do execrável chocou os racionais modernos.

Os filhos da segunda metade do século XX defendem as suas parcelas de razão e seus espaços de modernidade, e deixam claro que o ocorrido foi um acidente, um atropelo do mal no século que já se foi. Para benefícios de suas consciências defendem que o holocausto não possui nenhuma relação com as nossas práticas de Estado e de sociedade atuais.

Será mesmo assim?

Marie Jean Antoine Nicolas de Caritat, o marquês de Condorcet, em plena Revolução Francesa escrevia sobre a solidariedade, sobre a fraternidade e abominava o utilitarismo revolucionário do pequenino Maximilien François Marie Isidore de Robespierre.

Mesmo naqueles idos, quando a igualdade entre credos, cor da pele, sexo e *habitat* não pareciam consequência natural da humanidade... mesmo em época como aquela em que nasceram os ideais modernos de liberdade, fraternidade e igualdade, havia quem se deixasse levar pela compreensão total do mundo, e usasse a guilhotina como arma para ceifar cabeças: nos sentidos figurado e denotativo.

A desconsideração com outros homens, e o desvio moral e humano de tratá-los como objeto está fincado no coração do mundo moderno, e não deve ser compreendido apenas como desvio da sanidade, mas como possibilidade das nossas existências. Desconhecer o 'mal' não nos protegerá dele.

Não faz tanto tempo, após o holocausto e no tempo em que os quarentões de hoje frequentavam a escola, o único país do continente africano a sediar uma edição da Copa do Mundo de Futebol já adotou como política de Estado a segregação entre brancos e negros, separando as vidas pela cor da pele. E o Estado também matava os subjugados, quando se sentia ameaçado.

Era o regime do Apartheid.

Em Uganda, Idi Amin Dada Oumee, o "Açougueiro de Kampala", foi responsável por cerca de trezentas mil mortes. Anos depois, em 1994, quinhentos mil homens e mulheres tutsis foram assassinados em Ruanda pelas milícias Hutus.

Em todos estes casos, as mortes, as desconsiderações da humanidade podem ser consideradas pré-modernas, mas se deram por intermédio de homens que se abeberaram do pensamento ocidental. Idi Amin trabalhou no exército inglês; o dinheiro utilizado para financiar o genocídio de Ruanda foi desviado das ajudas internacionais que vieram do Fundo Monetário Internacional e do Banco Mundial; o Apartheid, por sua vez, era tão somente um regime de colonos europeus brancos sobre uma maioria africana negra.

E ainda que não se fale em genocídio, o que dizer da utilização da miséria e da pobreza africanas apenas e tão somente para verter daquele continente ouro, diamantes, marfim e outras riquezas que lastram os países ocidentais, ditos "racionais"? O que dizer, também, da realidade exposta cruamente em *O Jardineiro Fiel*, quando se vê a utilização daqueles homens iguais a nós, quando muito, como cobaias de pesquisas farmacêuticas internacionais?

O olhar romântico e festivo do mundo ocidental sobre o continente africano falseia o tipo de relação que nós possuímos com a mãe África. Falseia o cismana racionalidade que a história recente daquele continente causou, tal e qual o Holocausto. Este olhar é exercitado por europeus correndo o risco de serem hipócritas; é exercitado por nós, latino-americanos, sem nos darmos conta de que ele pode ser apenas uma forma de não enfrentarmos nossos próprios demônios.

A jabulani rola. As vuvuzelas troam. Nós ouvimos. Nós aplaudimos. E o mundo segue.

Bafana-Bafana significa "garotos-garotos". A África conserva a alegria dos meninos que se maravilham com o mundo. Eles sabem quem são. Nós talvez não saibamos quem somos nós.

1.10

Tempos obscuros

Questões que já dávamos por resolvidas há muito tempo avançam sobre a terra surgindo dos subterrâneos da história. Tudo fazem para atormentar as mentes inquietas que acreditavam na modernidade do mundo e já não conseguem explicar esse nosso tempo em que a história anda para trás.

Não se sabe bem de onde; não se sabe de que faculdade ou de que teatro retórico educacional surgiram as gentes que acreditam no conceito de raça e na superioridade de alguma ou algumas delas.

São pessoas que não têm vergonha dos tumbeiros, que não se sentem em dívida social por tantos pelourinhos e tampouco se indignam com atos cotidianos de racismo.

Sentem todos eles uma indefectível saudade de senzala. Não conseguem esconder sua crença na superioridade ideológica, racial e política.

Impressiona como professam a paixão por armas, cultuando a violência e crendo francamente na guerra e na autodeterminação pela agressividade como meio de resolução de problemas quaisquer e conflitos outros, sejam eles políticos ou éticos.

Não raro encontramos quem confesse o desejo de maldade, de exclusão, de opressão e defenda o fim de quaisquer políticas públicas de inserção social.

O mal não parece tão distante da nossa realidade. Lamentavelmente a modernidade não foi capaz de relegar para o limbo da História crenças e compreensões irracionais que nos afastam da proteção da dignidade humana universal.

1.11

Grampos e porcos

Nada é por acaso. Então não foi por acaso que semana passada me caiu às mãos – ou melhor, às vistas – um belíssimo filme alemão intitulado *A vida dos outros*. Da mesma maneira não deve ter sido por casualidade que li recentemente *O pianista no bordel*, do jornalista espanhol Juan Luís Cebrián.

Nos dois casos a temática visitada era a informação. Informação buscada, roubada e utilizada. O tema também era a vigilância e a vigília sobre alguém ou algo objeto do nosso desejo de obter informação.

Ambos, livro e filme, tratam das contendas entre todos e o poder, seja ele o poder do Estado – seja o poder político, seja o poder dos criminosos. Poderia ser igualmente o poder da mídia. Livro e filme visitam as escutas telefônicas, os grampos ilegais, as liberdades e as funções públicas. Falam da polícia, dos governantes, dos juízes e dos criminosos; falam do Estado e do seu controle; falam também das liberdades, principalmente da imprensa.

Como posso comprovar, nada é por acaso.

Os métodos contemporâneos de investigação que inundam a tenebrosa era da Lava-Jato utilizam-se exatamente daquilo que dá o tom e representa o dom da vida contemporânea, e que se tornou a sua principal característica: o fluxo de informações.

Para investigar e descobrir o que se deseja é fundamental exercer uma clipagem sobre os canais de irrigação da informação, já que todos nós nos movimentamos por eles. Esta clipagem atenderá pelo nome de quebra de sigilo fiscal, bancário, telefônico, telemático e documental. Desviam-se os dados que informam os atos e conhece-se aquilo que há para ser conhecido. Ao contrário do que dizia Chacrinha, quem se comunica também se trumbica.

Como lembra o sociólogo alemão Niklas Luhmann, a operação básica da sociedade como sistema é a comunicação, e a sociedade nada mais é do que um enorme sistema de comunicação. Enxergá-lo, da melhor maneira possível, é o objetivo de quem atua. Mas quem atua?

Este é o ponto.

A modernidade rompeu com a aristocracia, e o mundo já havia rompido antes com o feudalismo. Criou-se um Estado jungido por leis e por algo inusitado para o sistema oligárquico, feudal ou absolutista: a democracia moderna. Nela, o povo elege quem governa, e quem governa trabalha em prol do povo, executando leis e administrando não em proveito próprio, mas em atenção ao interesse público.

É a este Estado que cabe executar as leis. Para sairmos dos termos do século XVIII e voltarmos ao linguajar do século XXI, poderíamos dizer que é a este Estado que cabe executar a clipagem dos canais de comunicação, e sempre por uma razão pública: descobrir atos criminosos. O contrário, a utilização de escutas telefônicas por parte dos criminosos, não tem nada a ver com a modernidade – é apenas um crime como outro qualquer.

E este crime comum é mais ainda torpe quando estas investigações paralelas – que seriam legítimas se não se fiassem em métodos ilegais – têm o objetivo de alcançar informações que o bandido reputa existentes para constranger, chantagear, intimidar e ameaçar o servidor do Estado.

No tempo da Lava-Jato, conversas privadas são interpretadas de forma tendenciosa, tudo com a intenção de comprovar a tese previamente posta.

Mas a torpeza às vezes não para, ao menos em tese, por aí. Ao descobrir que não há como atingir o servidor público, nada mais natural para o criminoso que tentar amealhar indícios de alguma querela pessoal com potencial para levar à ruína o agente do Estado. Vale a máxima que eu encontro em Diderot: não podendo atingir o Estado, busca atingir o homem. *C'est la vie, et la melodie*, diria o francês.

Mas como "cesteiro que faz um cesto faz um cento", ao descobrir que nada há também nesta seara, é possível ao investigador e criminoso organizado – conforme conceitua a Convenção de Palermo, cidade natal deste tipo de organização – divulgar a plenos pulmões a existência da escuta criminosa, e espalhar boatos acerca da existência de atos iníquos praticados pelo servidor do Estado. Tudo vale para suscitar constrangimento, dúvida e chateação.

É natural que assim pense o bandido pela só razão de que é dado a todo criminoso tirar a medida dos outros pela fita métrica com que o mede. Porém, nada mais satisfatório aos homens de bem do que provar, a todo instante, a volumosa diferença entre a grandeza e a pequenez.

Em tempos de overdose comunicativa e tecnológica é muito fácil escutar pessoas criminosamente. Quando a raposa toma conta do galinheiro, o gato vigia o pires de leite e o cachorro carrega a bandeja de linguiça, todas as lambanças são possíveis. E todas são de responsabilidade do dono dos porcos.

Não foi sem razão que a humanidade superou a teocracia, o feudalismo, a aristocracia e o despotismo esclarecido. Superou-as para dar vazão a uma velha poesia: uma rosa é apenas uma rosa. Também tem o mesmo sentido: um bandido é apenas um bandido.

1.12

Tempos de Dória e Glória

"Marx está morto, Nietzsche também, e eu não me sinto muito bem." Com esta frase rebobinando nas cabeças entramos na pós-modernidade. Ruiu um muro, destemperaram-se hábitos, desfizeram-se várias lógicas e com o fim de todas as grandes narrativas mergulhamos no mal-estar de quem não entende bem o que está acontecendo. O eterno país da impunidade, onde se dizia jocosamente que apenas pretos, prostitutas e pobres eram presos, não mais que repentinamente encarcera as lideranças de esquerda e a elite empresarial, mergulha num *loop* radical e surfa na mídia e na opinião pública, já um tanto farta de cinismos convenientes e coniventes. Tempos de glória, ou melhor, época de busca da glória, como se essa fosse a retribuição do agente de poder que cuida do exercício da repressão e da retribuição do Estado, em razão de crimes. Às vezes o noticiário e a internet parecem avisar que Pandora tropeçou com sua caixa ali na esquina ou que destamparam a porta do Inferno. Trolls ignorantes sentem-se confortáveis para se movimentar por um dito "Brasil livre", mesmo não tendo sido livres o bastante para lerem ao menos um livro a cada dois anos. Todo tipo de alienação cultural, egoísmo, intolerância e preconceito parece que foi sacudido do lodo e invadiu o Brasil, verberando através do espaço virtual. Sentenciou Eco não sem total razão: "A internet deu voz aos imbecis".

O subproduto que se vê disso, e que ganha cada vez mais espaço, é o elitismo intolerante e a despreocupação com o outro, e esta forma de agir quase deságua num neoescravismo. Já há quem diga, sem uma pitada de vergonha, que pobre não deve fazer universidade. Tempos de louvação a Savonarola e Torquemada. Tempos confusos. Tempos de Glória e Dória.

1.13

Marx está morto... e Nietzsche também

O maior cientista político italiano da segunda metade do século XX suscitou a discussão acadêmica em torno da sobrevivência da dicotomia 'direita e esquerda'. A questão teórica e prática – que tomou conta das ditas novas esquerdas depois da queda do Muro de Berlim, longe de estar superada, revela-se muito importante para a compreensão do mundo latino-americano nas primeiras décadas do nosso novo século.

Norberto Bobbio certamente não esquadrinhou todos os pontos da questão, mas o seu 'pequeno grande livro' continua chamando à leitura os livres pensadores. *Destra e Sinistra* – título original em italiano – tenta responder a uma pergunta da intelectualidade do século passado, mas aviva problemas da nossa própria realidade.

Quem é de esquerda? Que governos são de esquerda – ou marxistas? Os aliados construídos nas contingências eleitorais são agora, milagrosamente, eles também, de esquerda, e simpatizantes de Marx? Alguém ainda o é nos moldes de Josef Stalin ou Erich Honecker? E Karl Marx ainda está vivo para fortalecer os nossos sonhos e os nossos desejos de igualdade?

Certa vez, na Itália, li pichada em um muro da universidade de Lecce, onde eu estudava, frase repleta do sentimento pós-moderno de perda de referencial: "Marx está morto, Nietzsche também, e eu não me sinto muito bem"! Anos depois encontrei esta mesma frase em um livro de Zygmunt Bauman.

Na confusão da ausência de identidade teórica, ainda há a diferença entre direita e esquerda? E se há alguma diferença, ela ainda é importante?

O marxismo atraiu diversas mentes brilhantes em todo o mundo no século XX, por diversas razões. Para diversos pensadores, como Maurice Merleau-Ponty, era simplesmente porque não se tratava de "uma" filosofia da História, mas "a própria" explicação do processo histórico.

Porém, a verdadeira razão de tantas mentes brilhantes terem se dedicado ao marxismo e às esquerdas, conforme o polonês Leszek Kolakowski, reside no fato de a teoria de Marx ser uma filosofia ampla, explicativa da seta da História e que prometia um futuro igualitário, em que homens e mulheres não conheceriam a diferença que causa inferioridade. Uma conjugação de racionalismo histórico com idealismo otimista.

Os homens que não desejavam a rapinagem do Estado, e nem a submissão de outros homens à conta de seus benefícios particulares, apaixonaram-se pela teoria marxista. Mas não só eles a utilizaram, e este talvez tenha sido o problema!

Marx não poderia imaginar que não seriam os trabalhadores das grandes cidades a tentar construir a igualdade, mas sim uma casta intelectualmente privilegiada, depois militarizada, em um país atrasado, semifeudal e corrupto: a Rússia. Nem poderia supor que tal controle burocrático e redutor das liberdades fosse se estender de forma totalitária a todo leste europeu.

Como nos diz Tony Judt, os melhores alunos do marxismo terminaram sendo uma "camarilha de tiranos".

Também ele, Marx, não poderia prever que sistemas políticos vazios de conteúdo, no todo iguais às suas próprias antíteses, se utilizariam da mensagem do marxismo para praticá-lo de forma equivocada, caudilhesca e populista em um autêntico baile de palavras, em que tudo aquilo que fora combatido na origem, não mais que de repente se tornaria aceitável, palatável e aliável.

Eric Hobsbawm, o lorde da esquerda inglesa, ou o 'Mandarim Comunista', foi o historiador responsável por toda a formação de pensadores de minha geração que abraçaram a compreensão marxista da História, por verem nela não apenas uma grande narrativa das nossas vidas passadas, presentes e futuras, mas principalmente por vislumbrarem uma esperança na construção de um universo de iguais.

Hobsbawm aceitou academicamente, e passivamente, os desvios da história do comunismo marxista-estatal, principalmente no Leste europeu. Talvez o velho Mandarim não perceba hoje uma negação estrutural do marxismo consistente na aliança em outras partes do mundo, dos ditos marxistas com banqueiros corruptos, empresários mal-intencionados e políticos fisiológicos.

Talvez sequer veja mal no fim das liberdades de imprensa, na redução do direito à diferença, nas relações amistosas com criminosos e na manutenção do *status quo*.

Não é possível pensar como Bobbio, o velho professor italiano, acerca da diferença entre direita e esquerda. Não é possível enxergá-la no horizonte.

No mundo pós-moderno e no Brasil do século XXI, a prática venceu a teoria, e fundiram-se as antíteses teóricas. A prática – como projeto de poder – engoliu a teoria, como desejo de realidade, o que torna tudo muito mais confuso de compreender em nosso país.

É exatamente essa incapacidade momentânea de entender o que ocorre hoje no Brasil que vem nos caracterizando nesses últimos tempos. O eterno país da impunidade, onde se dizia jocosamente que apenas pretos, prostitutas e pobres eram presos, não mais que repentinamente encarcera as lideranças de esquerda e a elite empresarial, mergulha num *loop* radical e surfa na mídia e na opinião pública, já um tanto farta de cinismos convenientes e coniventes.

Porém, a reboque de medidas judiciais necessárias para romper de vez com a qualificação da política e das grandes empreiteiras como latrinas, veio o desejo de glória de muitos aficionados por Eliot Ness e Nicholas Marshall. Todos a enxergar no Brasil uma Gotham City, confundindo-se com o Batman, identificando Coringas e Pinguins com a lógica do senso comum e abandonando algumas construções bem modernas que começaram, dizem, com Beccaria e há algum tempo.

Seguindo o senso comum, o povo escolheu Barrabás. Alguém se recorda?

Ponderar pelo direito de defesa e pela comprovação do crime não era uma preocupação naquele dia em Jerusalém, tampouco foi razão de observação no Brasil dos últimos tempos. "Defesa por quê? Obviamente ele é criminoso e culpado", diriam muitos Batmans, alguns pastores de rebanho e muitos do nada admirável gado novo, que seguem a onda do já mencionado efeito manada. Vivemos uma época em que muitos procuram a glória: a glória de ser *O homem que matou o facínora*. Para os humanistas, que se curvam e reverenciam o republicanismo e acreditam na igualdade, também é tempo de dor.

Cabe aos velhos marxistas, oposicionistas de todos os regimes, e quase ídolos de meu tempo, fornecerem as respostas à pergunta do poeta Vinícius de Morais, quando em música interrogou o seu Criador:

> "Pergunto a Deus, escute amigo:
> se foi para desfazer, por que é que fez?"

Marx está morto...Nietzsche também...

1.14

O vilão universal

Ser marxista é um problema? Ler Karl Marx seria um delito?

A vilanização de uma narrativa que se constrói com base na igualdade é comparável a outras narrativas que se sustentam na desigualdade e na exclusão?

Em tempos de boatos, nos quais a ideia pré-concebida – e demonstrada através de *PowerPoint* – ganha força de verdade incontestável, retroagimos à ideia de que o comunismo é o grande vilão de todos os espaços, sem que a maioria dos narradores e dos atores do teatro retórico saibam sequer o que o alemão escreveu, e tenham condições de se opor aos pressupostos descritos.

Em tempos em que convicções valem mais do que provas, as leituras e as análises teóricas são facilmente superadas por meras opiniões, projetadas numa tela, num *software* chamado *PowerPoint*.

Nada mais virtual e nada menos concreto do que opiniões lançadas ao vento. O risco que se observa é que estejamos diante de um modo de viver de uma nova geração: a geração PlayStation.

E se assim o for, juízes serão heróis da Marvel, Marx será o pinguim ou o coringa... e apenas a sociedade que se destrói será a mesma de Gotham City.

1.15

O mundo tornou-se um aquário

Zygmunt Bauman – o multicitado polonês que deixou as sisudas salas acadêmicas para virar coqueluche dos vestibulandos – utiliza como marco inicial do nosso mergulho na vida privada alheia, o dia em que um casal de franceses, ainda na década de oitenta, aceitou comparecer a um programa de auditório para discutir em público a sua vida sexual. Viramos, desde então, *voyeurs* do mundo – uns mais, outros menos – sempre interessados no que acontece para além da janela.

E o mundo tem muitas janelas. Já as teve nas tevês, nos jornais e nos rádios. Hoje a janela do mundo é a internet. E navegar no ciberespaço é algo muito mais invasivo à privacidade do que a indiscreta espiadela na vida do outro. Alfred Hitchcock não poderia ter previsto desfecho mais exato para a curiosidade humana.

Se as janelas indiscretas modernas eram os pasquins que se dedicavam às traições entre casais, às brigas em família e às situações constrangedoras dos outros, nos tempos contemporâneos multiplicam-se observatórios da vida alheia no espaço virtual.

Sob a justificativa do direito universal à informação, diversos *sites* invadem as vidas alheias, desconstruindo a relação entre o púbico e o privado. Em razão do atávico desejo de saber, informar e opinar, homens e mulheres ocupam as redes sociais para comentar, repassar e comunicar atos e fatos da vida dos outros, sem qualquer preocupação com a veracidade da informação.

Se pouca era a responsabilidade com as notícias que algumas linhas editoriais possuíam, quase nenhum é o compromisso das postagens dedicadas à divulgação de qualquer informação.

Mas este exercício de voyeurismo não é fruto das postagens na internet. Ele é uma característica dos tempos que correm. O homem contemporâneo não vê apenas com normalidade a informação sobre a privacidade alheia como também se alimenta dela, numa autofagia do comportamento em um mundo onde as pessoas relacionam-se mais pela rede *wi-fi* do que à frente uns dos outros, nas esquinas das cidades.

A noção de invasão e o senso de incorreção experimentado pelo voyeurismo midiático é extremamente baixo, e não seria errado dizer que experimentamos outras morais, outras éticas e outra sensação de segurança. A reboque do *Facebook, do Twitter, do Instagram* ou do *WhatsApp,* compartilhamos fotos, textos, informações e notícias que podem prejudicar uma infinidade de pessoas, e o fazemos sem a mínima sensação de erro, e sem experimentar qualquer repressão. O desejo por saber, por ver e por ter acesso à informação é muito maior do que uma dúvida fugaz acerca do que isto importa e o do que isto representa para a vida dos outros.

As ferramentas virtuais de comunicação engoliram a ética e a moral modernas e construiu-se outra maneira de separar o certo do errado. No que diz respeito à divulgação de imagem e informação, experimentamos outra privacidade e outro senso de correção.

Não é à toa que as revelações acerca das escutas elásticas realizadas por países ou organizações abalaram apenas os trintões ou quarentões. A geração do século XXI, acostumada a outro paradigma, pouco se importou com o fato de Obama, Putin ou quaisquer seguidores do falecido Osama terem monitorado celulares, *e-mails* ou redes sociais. A mudança de paradigma é clara. Nossos filhos não pensam o mundo sob a ótica sólida, e sim sob o prisma da liquidez.

Há poucas semanas, divulgou-se num *blog* que uma criança havia sido violentada – ou havia suspeitas disto – em uma escola da cidade. Foram milhares de postagens, de comentários, de opiniões... Estabeleceu-se quase um tribunal público a investigar e a repercutir informação cuja origem parecia ser um vazamento ilícito de boletim de ocorrência em uma delegacia de polícia.

Em meio à divulgação veemente e avassaladora, condenaram-se pessoas e familiares, e uma criança ao constrangimento do convívio futuro com um assunto dessa natureza. Tudo é facilmente acessível num passe de mágica e sem qualquer limite entre o público e o privado.

O "efeito manada" combina-se com a sanha voyeurista e a liquidez da notícia conecta-se à velocidade midiática, destruindo imagens e cristalizando inverdades.

Alguém se recorda de uma bela manhã de sol em São Luís quando a mídia divulgou rapidamente que homicídios e crimes estavam sendo cometidos por toda a cidade? Embarcamos numa nau sem rumo e viajamos na falsa percepção de que *shoppings* estariam sendo invadidos – bem como colégios e restaurantes. Pessoas assassinadas nas ruas e hordas de bárbaros invadindo casas, comércios e quintais. Os relatos teriam feito os mais cultos acreditarem que os hunos haviam chegado a Roma. Nunca fomos a o retrato da cidade de Roma, assim como Átila não nasceu em Cajapió.

Foi apenas uma neurose coletiva alimentada pela mídia difusa a espalhar inverdades, criar heróis e vilões, guerras e missas a torto e a direito. É a liquidez do mundo contemporâneo invadindo os compartimentos da vida, executando a teoria dos vasos comunicantes. E neste diapasão pouca valia possui a diferença entre verdade e mentira.

Mas tudo que surge desfaz-se na mesma velocidade. Alguém se recorda de Luíza, que estava no Canadá? Ou do herói do último Big Brother? Ou do medo racional ou irracional dos acontecimentos criminais recentes? A memória pós-moderna também é líquida... é etérea.

Num mundo de pouca densidade, resta-nos escolher o que pode ser liquefeito – e o que nos arrastará solidamente para uma realidade mais confiável. Já se disse que tudo que é sólido se desmancha no ar. Marx, ao dizer isto, não fazia ideia de que as teorias para explicar os comportamentos nos tempos modernos desceriam pelo ralo da sequência dos dias, ao invés de firmarem-se como verdades absolutas.

A liquidez virtual engoliu a matéria de papel e tinta, e as nossas vidas tornaram-se mais flutuantes e velozes... o mundo tornou-se um aquário.

1.16

Um mundo que se comunica

Jürgen Habermas noticia a íntima relação entre livros e democracia. E isto nos faz reconhecer o papel público de academias como esta, de escolas construídas como aquelas, e de homens dotados do objetivo de abrir as portas do conhecimento a todos.

Quando trata da mudança estrutural da esfera pública, o filósofo alemão admite que sem a existência do livro não haveria esclarecimento, nem o uso da razão e do pensamento.

É exatamente essa coesão entre fatos e pensamentos que dá sentido à arena democrática, e que nos faz pensar a partir das constatações empíricas factuais.

O filósofo já dizia, no final do século XX, que as mídias de massa causam o declínio da esfera pública democrática, na medida em que relegam todos à posição de ouvintes, de assistentes, de encantados. Não há oportunidade de contradição e não há debate. Há apenas notícia que se transforma em uma única narrativa.

No auge da telecracia, termo cunhado por Neil Postman, no lugar de se empenhar por conhecimento e percepção o cidadão alheia-se através do que o sociólogo chama de "negócio do divertimento".

Se os donos do conhecimento monopolizavam a leitura e a escrita como técnica de dominação, na segunda metade do século passado os meios de comunicação de massa monopolizaram a narrativa do entretenimento.

O livro é uma tela que nos faz livres, porque nos faz coautores. A televisão da segunda metade do século XX é uma tela que nos faz dominados por não nos legar espaços de autoria.

Byung-Chul Han – sul-coreano hoje professor em Berlim – em trabalho de 2021, *Digitalização e a crise da democracia*, cunha sentença magistral: "A história da dominação pode ser descrita como a história da dominação por diferentes tipos de tela."

A tela de Platão eram as sombras no fundo da caverna; a tela de George Orwell era a teletela que nunca desligava.

E nos tempos que correm? Como a narrativa, o debate, a construção do diálogo e a afirmação da racionalidade se veem ameaçadas? Será que a ameaça vem do arcadismo propagado por quem nega livros e a ágora? Nega a razão?

Orwell vaticinava que o medo pode nos dominar. Percebo que foi superado por Aldous Huxley: o prazer e aquilo que amamos é o instrumento da morte da racionalidade e do espaço democrático.

A verdadeira prisão é o que nos dá prazer. Kant também o disse.

Vivemos a era das mídias digitais; o tempo das redes sociais. Quem ameaça e em alguns lugares do globo mitiga a esfera pública discursiva não é mais o entretenimento das mídias de massa, mas o excesso de informação. O infoentretenimento – a tela da dominação moderna – resta hoje superada na instrumentalidade destrutiva da democracia pela proliferação viral da informação.

Pela infodemia.

Volto ao filósofo e literato sul-coreano para constatar que "a estrutura de anfiteatro das mídias de massa cede lugar à estrutura rizomática das mídias digitais que não tem centro".

A descentralização e a massificação da informação causam um desvio de foco na atenção do leitor, pois ela deixa de ser dirigida a temas relevantes e passa a se movimentar conforme algoritmos controlados por robôs ou têm por conteúdo temas dispersos.

Informação não é conhecimento e ela vive em curto espaço de tempo sem estabilidade temporal. Nas palavras de Feustel, a pandemia informativa sobrevive pelo "estímulo da surpresa".

Tudo é afetivo. Tudo é surpresa. Tudo é conspiração. Não prevalecem argumentos melhores ou mais sólidos, mas tão somente informação com maior capacidade de estimular.

Não sem razão, isto representa o fim da racionalidade moderna, o que levou Niklas Luhmann – o sociólogo de Bielefeld – a dizer que "em uma sociedade da informação não se pode mais falar de comportamento racional, mas, no melhor dos casos, de comportamento inteligente".

Retorno à teoria base do *Admirável mundo novo*, de Huxley: não é aquilo que tememos que irá nos oprimir no futuro, mas aquilo que amamos. Não será o terror, mas o vício. Não será a dor, mas o prazer. As pessoas não são dominadas, mas entretidas.

O prazer de nos sentirmos participantes e livres, munidos de *smartphones*, inundados de informações, nos dá a falsa sensação de liberdade, e nos aprisiona. Faz negar a ação comunicativa. Mas é na comunicabilidade dialógica – em que falantes e ouvintes se misturam na construção de um diálogo – que nos tornamos racionais. É na presença do outro, que agrega um ponto de vista distinto e permite um debate guiado pela racionalidade, que descobrimos a porta da caverna, e percebemos a realidade.

A verdade é criação do diálogo. O looping do eu, o narcisismo das bolhas das redes sociais faz a democracia se degenerar em infocracia. Isto se dá porque notícias viram narrativas, e fazem desaparecer a diferença entre ficção e realidade.

Isto se dá porque a realidade foi extraviada. Misturou-se com um programa virtual que nos deixa entretidos, e aos poucos perdemos a crença na facticidade. Fatos ou fantasias superaram as barreiras da racionalidade média.

As teorias das conspirações acerca de fatos tornam-se tão verossímeis quanto a realidade em si mesma. O universo se desfactuou, para usar um neologismo corrente na sociologia. A vontade de verdade foi extraviada na substituição do Bar do Mosca pelos grupos de *WhatsApp*. Foi a própria diferença entre verdade e mentira que foi anulada.

Mas por qual razão há tantas pessoas – e numa certa medida nós mesmos – acorrentadas ao fundo da caverna, vendo as sombras e com elas se divertindo e se sentindo livres? Nós que somos modernos... nós que vivemos a cientificidade como caminho no século XX... qual a razão?

Talvez os abandonos das ágoras, dos livros e dos espaços democráticos aconteçam a galope – e pisoteando a realidade e a racionalidade – pela só razão de que na ausência de discussões construtivas de narrativas, as pessoas careçam de reconhecimento e pertencimento.

A verdade pouco importa. O pensar em tribos, em grupos, em bolhas, me faz pertencer a algo. Faz com que eu – cidadão do terceiro milênio, me sinta reconhecido e individual, num emaranhado de pessoas que se comunicam em profusão.

A hipercomunicação causou um niilismo pós-moderno que nega tudo, independentemente da racionalidade intrínseca... e a negação serve para agregar pessoas que se unem pela negação em si. A realidade e o fato não importam mais. A racionalidade tem perdido espaço para a informação. Nega-se a ciência, nega-se a vacina, nega-se a circunferência da terra, negam-se as urnas eletrônicas, nega-se a democracia, nega-se a opinião do outro, nega-se a razão em si mesma...

A caverna parece mais profunda que a de Platão.

A distopia faria corar Huxley e Orwell.

Por esta razão, livros são importantes.

Por esta razão, nada suprime a cultura e a capacidade de pensar sobre si próprio e por aí mesmo.

Em uma certa medida, liberdade é também uma questão de escolha.

Queremos a pílula azul ou a vermelha?

1.17

O troco e a troca

Era o tempo do Rei – como disse Manuel Antônio de Almeida e ainda diz Ruy Castro – e aquele país estava dividido em províncias. Havia as províncias do Sul, as do Norte, as do Leste e as do Oeste. O Norte era pobre e eternamente explorado, mas de lá vinha a inteligência de alguns sábios, a força de muitos negros e a esperteza de uns tantos Malazartes do sertão. Vinham todos com as matas e com os cerrados. Eram acima de tudo fortes, como diria Euclides, o velho. Era o tempo do Rei!

Mas o mundo daqueles idos – tempo em que os bichos falavam – não era apenas época de reinados e províncias, era também o tempo da revolução e da mudança. Alguns tinham objetivo de levar aquele Reino para a modernidade, para a igualdade e para o desenvolvimento. Mas as províncias do Norte eram o oposto disso. Eram governadas e guiadas pelo atraso; lá reinava a pobreza, a corrupção, o clientelismo e o subdesenvolvimento.

Mas as coisas da política – principalmente em um reino onde os bichos falavam – tinham sempre formas impensáveis, até irracionais. Justo daquele lugar, da mais pobre de todas as províncias, surgiu quem se apropriasse do movimento. Ali, onde diziam os locais “até boi voava, e de asa quebrada”, surgiu quem estivesse disposto a ser guiado pelas forças – e fazer-se de guia delas – rumo à democracia revolucionária que encabeçava o Rei.

Mais que estranho e incoerente, não? Diziam todos os bichos, e todos os homens.

Era um velho marquês que aliava o discurso intelectual do Norte à esperteza que também campeava por ali. E ele surgiu como um primeiro e o maior dos democratas. Logo ele, que usava e abusava da arte de ser imperial, foi um dos que mais emprestou sua lábia – e sua habilidade nas coisas "por debaixo dos panos" – aos democratas que nasciam.

E justo ele, que era um déspota e um larápio conhecido naquele canto provincial, pousou em todo reino como o homem da modernidade, do avanço e da intelectualidade. Logo ele, que era useiro e vezeiro em permitir que crianças padecessem de fome – pois deixava que o dinheiro da merenda fosse desviado por homens de nariz comprido; logo ele, que era responsável pela ausência de assistência médica, porque permitia que o dinheiro da saúde fosse desviado por descendentes do povo do deserto; logo ele, que vivia nababescamente em uma província miserável... logo ele!!!! Um democrata? Um homem avançado? Como isso era possível?

Era o tempo em que os bichos falavam, e era o tempo do Rei, e nada melhor do que ouvir a voz de um papagaio falante – provavelmente parente daquele que ficou conhecido como "papagaio de pirata" tempos depois. O passarinho curioso descobriu, em conversa velada entre o Rei e o provincial Marquês, a razão de tudo aquilo.

Contou a avezinha colorida, para uma "ama de leite" que contou para muitas outras, que uma visita se deu na alcova do monarca.

Vinha o fidalgo de província dar notícia de todas as movimentações que havia feito na "casa dos eleitos" para defender as opiniões do Rei democrata. Descreveu contatos, declamou prestações de serviço, submeteu-se a birras e até hipotecou uma solidariedade tal que o próprio Rei ficou atabalhoado. Isso sem contar as próprias lágrimas vertidas. Era a subserviência em pessoa.

Mantinha todas as forças que adquirira durante anos de mandonismo provincial à disposição do déspota, inclusive deixando claro que tudo o que fazia era para o real deleite de sua alteza.

O reino era grande, a província miserável, e o fidalgo – que já fora déspota – tinha uma atuação global completamente diferente da sua cor local. O discurso externo era o inverso da prática interna.

Diz o papagaio que o Rei ouviu, e ouviu, e pensou..... parecia que ponderava mentalmente entre questões de princípios e a utilidade da estratégia. Comparava o tamanho e a força da reles província com a importância da revolução democrata em todo o Reino. Pensava e se deixava levar pelo fisiologismo natural de todo Rei.

E como lhe era útil aquele aliado contraditório, nada mais cômodo do que aceitar a oferta e os atos genuínos de defesa e proteção. Por questão de tática e estratégia, não havia razão para o Rei declinar de toda aquela ajuda oferecida na capital e com alcance em todo o universo governado.

Mas conta o papagaio, e recontam as "amas de leite", pretas que cresceram contando estórias nas senzalas, que ao final desta visita, quando já ia saindo o Marquês fidalgo, depois da derrama de subserviência, o Rei lhe fez, intrigado, uma pergunta:

– Meu caro fidalgo, me fazes tanto e não pedes nada em troca. Não queres de troco nada de nada?

– Amado Rei – disse o fidalgo – o que faço é apenas para lhe ajudar e por devoção a vossa alteza. Tinha até um pequeno problema provinciano, por demais local, mas existem questões maiores e mais importantes e não vos aborreço com isso.

– Mas do que se trata então, marquês?

– Questões menores, mas precisaria manter as coisas como estão na minha província para que todos nós continuemos devotos ao Rei.

– Então que seja assim....

Conta o papagaio que, ao ouvir isso, o fidalgo esboçou um contido sorriso de vitória, mas conservou-se impassível para ouvir a última frase, e que se repete *ad aeternum* na história daquela província:

– Pois bem, meu caro fidalgo, o troco é seu!

1.18

O mundo do juiz e o mundo da política

A democracia se sustenta na argumentação, na retórica, nas negociações entre Poderes, na institucionalidade dos movimentos e no respeito à maioria.

Não é possível entender o entorno do sistema judiciário sem observar os movimentos do espaço político.

A política de alianças e de diálogos institucionais é vital para a democracia. Contudo, há quebra do princípio democrático se o diálogo deixa de ser institucional e passa a ser pessoal. A pessoalidade encaminha os poderes para o fisiologismo recíproco e para a manutenção do *status quo* e para a perpetuação do elitismo excludente.

Há erro quando o Judiciário se encerra nas torres de marfim, nas carteiras vermelhas e nos carros pretos para negar por um purismo inexistente no mundo real a necessária relação institucional com a política.

É da democracia e é da república. É da modernidade a autopoiese do sistema e as construções de pontes entre a política e o direito. Entre o Legislativo e o Executivo e o Judiciário.

1.19

Um fantasma nos ronda

O mundo tornou-se um lugar estranho. O Brasil tornou-se um lugar estranho. Ou talvez sempre tenha sido assim, e de tempos em tempos Hades saía do subterrâneo esquecido para rondar a Terra e espalhar o mal.

Já não falo nem mesmo do inusitado fato de um neonazista palestrar em um clube hebraico. Falo do que causa maior estranheza: fazê-lo sob aplausos, sobretudo quando diz que foi pai de uma mulher porque fraquejou ou ao dizer que negros quilombolas não servem nem para reproduzir.

Logo ali – no clube da comunidade religiosa de um povo que sofreu ações de extermínio exatamente por pensamentos e discursos como esse – a violenta intolerância pôde ser ouvida... e aplaudida. Os paradoxos dos nossos tempos...

Parece muito estranho que o neonazista brasileiro, sem cultura e sem história, tenha sido chamado de mito e aplaudido naquela sala. Vale lembrar que Goebbels também o foi, mas que lição podemos tomar deste fato?

Negros comparados a animais e pesados em arrobas da mesma maneira que judeus foram considerados lixo e escória – há não mais que 80 anos. Agora a fala se reproduz no Brasil sob aplausos.... e na Hebraica.

O que isso pode significar?

Um judeu que aplaude um discurso xenófobo e racista não tem cultura, não conhece a História, não faz ideia de seu próprio passado e não tem noção do que lhe acontecerá no futuro, acaso o discurso do orador se torne hegemônico.

A manada ignorante segue o discurso do ódio não porque entenda a sua estrutura, mas porque não se vê inserido entre os odiados e se acha integrante do grupo superior, que se permite odiar.

Mais que isso: jovens egoístas seguem se imaginando melhores e desejando exterminar todos os que lhe ocupam espaços desejáveis, elegendo culpados de seu próprio infortúnio, sempre sem enxergar o presente, desconhecendo o passado e produzindo um futuro que, acaso advenha, só trará mais destruição para eles próprios.

Vivemos o desmoronamento da política e o discurso contra a corrupção traz embutido duas falácias que custarão caro à liberdade, à igualdade e à modernidade.

Primeiro, a ideia de que não há mais política e que o espaço de controle social deve ser ocupado por outros jogadores do xadrez. Depois, a certeza de que todos os outros males são menores que a corrupção.

Nesta ode terrível, o racista, o sexista, o intolerante ou o homicida de desiguais – e é isto que se prega na ideia Nazi – são melhores que os acusados de corrupção.

Logo, seria melhor ter no comando da sociedade aquele que quer subjugar negros e mulheres, prender homossexuais, não aceita as diferenças, aposta na violência e na indústria das armas e na supressão da igualdade moderna pela só razão de nunca ter sido posto à prova com verbas públicas.

O que o cego e ignorante social crê sem pensar é que é melhor exercer o ódio ao outro do que defender a permanência da igualdade, da liberdade e da tolerância. Todos os artigos do Código Penal valem menos do que a corrupção não provada, mas investigada. E no vácuo da política, aceita-se a intolerância e a supressão da liberdade.

Mas quem nos deu apenas a opção entre o político corrupto e o nazista contemporâneo?

E por qual razão, na contemporaneidade, o ódio ao outro voltou a ser uma opção? O atávico egoísmo que emerge da crise nos faz mesquinhos, nos cega e nos reduz a animais.

Talvez menos que isso: animais não escravizam outros animais...

Esse avanço de um passado esquecido merece combate enérgico. O que paira sobre nossas vidas com uma oratória pobre, sem cultura, grotesca e risível traz em si uma patologia que nos animaliza, nos reduz, nos oprime e nos envergonha para todo sempre como representantes da espécie humana.

1.20

O discurso do ódio e o Judiciário

Como explicar o fato de a nossa sociedade ter-se tornado odienta e o lugar do Juiz ter se tornado um local de perseguição?

O juiz é um cidadão. Está inserido no contexto em que exerce o seu Poder. Absorve o amor e ódio processado no seu entorno.

Estamos odientos – talvez não sejamos – e isso está contaminando o lugar de fala do magistrado.

O discurso do ódio processado por quem foi eleito pela maioria implica legitimação da raiva e da perseguição a outros. Uma legitimidade que surge do ligar de fala. São oriundas do lugar de onde vem um dos três Poderes. Ao ser verbalizada, permite que muitos outros sejam influenciados pela retórica agressiva e odienta, que passa assim a ser normalizada.

Não é possível considerar razoável que o Judiciário repita, desenvolva, e espalhe o *hate speech*, normalizando mais ainda, desde o local de resolução de conflitos de onde se expressa, o desejo de extermínio de quem quer que seja.

Estamos a um passo de legitimarmos no Judiciário o discurso do ódio.

Como dizia Caetano, "É preciso estar atento e forte."

1.21

Universidade e totalitarismo

Ninguém sabe ao certo conceituar "pós-modernidade", nem dizer com precisão o que significa ser "pós-moderno". Apenas é possível, por diferenciação, afirmar uma pretensiosa antítese à modernidade, como que desejando denotar a superação de um período que já passou.

Ninguém tem dúvidas de que os tempos que correm suportam uma vida pública e privada diferente daquela de bem pouco tempo atrás. Mas os pensadores não conseguem diagnosticar com precisão o que mudou – quais as causas – e para onde iremos daqui para frente. Não conseguem porque talvez não tenhamos ainda o distanciamento necessário para pensar sobre nós mesmos.

Zygmunt Bauman, do alto da sua lucidez, brada em sons poloneses, que já não temos uma "grande narrativa" para explicar, como diria Agostinho Ramalho, "quem somos e para onde vamos". Outros lançam mão de Nelson Saldanha e dizem que confundimos "o jardim com a praça". Alguns se lembram de Roberto da Matta, para afirmar que já não sabemos quem são os "malandros" e quem são os "heróis", em meio a esse carnaval pós-moderno.

Os apologistas do nosso tempo sugerem ao debate o neoconservador Francis Fukuyama para dizer que a caminhada acabou, e chegamos, enfim, ao "fim da História".

Com tantas divergências na maneira de verificar o que ocorre com o Estado e suas instituições, e com a sociedade tão plural que se descortina hoje em dia, seria natural que convivêssemos com as diferenças e com as oposições, e que a vida se tornasse um mosaico de pensamentos e de seres humanos que se toleram mutuamente. Mas não é assim.

As estruturas de poder – ou os sistemas hipercomplexos – tendem todos ao totalitarismo ou ao autoritarismo. Quando se trata da maioria sufocando a minoria, o que se realiza é o pensamento totalitário, e quando a minoria oprime a maioria o que se vê é o autoritarismo realizado. Neste aspecto, a pós-modernidade é avassaladora. Ambos – totalitarismo e autoritarismo – têm horror ao debate, medo das diferenças, pânico das interrogações e dos questionamentos. A eles reagem furiosamente.

Neste aspecto, o pós-moderno não vem ao debate, não acolhe as análises das contradições, mas apenas tem as suas respostas e não aceita as digressões, as críticas e as contraposições. Não pensa o outro como titular de ideias e direitos, não respeita o indivíduo pelo só fato de existir e de pensar de forma diferente. Talvez isto seja assim porque a tendência de quem acredita na sua onipotência seja pensar que a História começou e acabou no tempo da sua existência. São homens como o imperador Chinês Qin Shihuang, que não obstante ter determinado a construção da Grande Muralha, ordenou a queima de todos os livros do império, para que a cultura começasse a partir de seu reinado.

Na verdade, esta noção de "enfim, a glória" traz a reboque o aparelhamento das instituições e o acoplamento de subsistemas que deveriam auxiliar na diferenciação, mas são confundidos e negados pelo totalitarismo.

Este teatro de ideias, quando cede às tendências totalitárias, torna-se apenas um aparelho: aparelho de parentes, de asseclas, de necessitados. Isto passa pela utilização do poder para gerar poder, e pelo célebre acoplamento de forças que possuem seu lugar específico, mas que são abandonadas em benefício do acúmulo.

É próprio do modelo totalitário, em voga nesta confusa pós-modernidade, o acoplamento de representações que deveriam realizar a tolerância e garantir as diferenciações, ao modelo que se impõe como verdadeiro e benéfico. A literatura demonstra, através de tantos como Hannah Arendt, que o desfecho deste modelo não é nada bom.

Por outro lado, também é próprio deste modelo o mecanismo de "invenção de inimigos comuns", e a política maldosa do terror e da intimidação, como instrumento de garantia da aceitação. Para isto se pratica a distorção de fatos e a dedução de motivações e de características desqualificadoras. Cria-se um totalitarismo opressor e nega-se o passado, fabricando a verdade sabida e incontestável.

Mas não seria o caso de o Legislativo, os partidos políticos e as Universidades capitanearem o processo de superação dos autoritarismos e dos totalitarismos?

Seria, mas não é o caso.

É no espaço reservado às ideias que a intolerância e o totalitarismo mais se desenvolvem, e a imposição dos "momentos totais" e das "verdades absolutas" se afiguram em profusão.

Talvez o filme *A Onda* devesse ser projetado em algumas salas de aula.

Ser tolerante, acadêmico, homem de ideias e afeito às discussões não é característica de todos os professores e de todos os acadêmicos, tampouco é uma realidade nos partidos e no Legislativo. Alguns se dedicam a esta luta de ideias por amor ao debate, outros pelo desejo de poder, pelo messiânico ânimo de controlar a tudo e a todos.

Como disse um dia Mário Vargas Llosa, "aqueles que amam sua vocação tendem a seguir lutando as trinta e duas guerras do Coronel Aureliano Buendía, ainda que os derrotem em todas".

Outros reservam sua vocação para o poder, e fazem da sala de aula um instrumento. Fazem das tribunas um espaço de poder.

Ser professor e pesquisador nas Universidades é como lutar as trinta e duas guerras lembradas em *Cem Anos de Solidão*, de García Márquez, e mesmo assim permitir-se manter a gana de fazer sempre o mesmo – e cada vez melhor – e ainda seguir sendo derrotado pelo pós-moderno desejo de acumular poder.

Mas como compreender e superar a realidade que – esta sim – é implacável com o moderno convívio com a diferença e com a circulação de poder? Como superar as dificuldades se na própria

Universidade seguirmos incapazes de tolher o acúmulo insano de poder, o aparelhamento das instituições, o totalitarismo decisório, a criação virtual de inimigos, a privatização das decisões, a negação da História e a inversão de valores acadêmicos?

Um pouco de modernidade faria bem, para não corremos o risco de virarmos pré-históricos, e não pós-modernos.

2

O UNIVERSAL PELO PARTICULAR

pensar o mundo pela régua e compasso do Maranhão

2.1
Bonjour, curumim

Américo Azevedo Neto haverá de me perdoar o plágio, mas como o seu espetáculo será mais visto que este artigo será lido, em pouco tempo ninguém se aperceberá que tomei de empréstimo o seu bom-dia à terra nossa, para dar um outro bom dia à ilha que veneramos.

Olhar São Luís de longe – do lugar de quem a ama, mas não sobe e nem desce diariamente as suas ladeiras e nem mira seus sobrados no pôr do sol – tem a dor da saudade e o sabor da paixão.

Nascida de ventre francês, mas com pouco legado gaulês; construída sob a colônia lusitana, porém no braço e com o suor dos negros escravos, esse nosso bibelô sobre o Atlântico pode ter sua história contada como uma crônica de abandonos. Ou mais do mesmo, de uma sequência de não produções, de não trabalho e de visão pouco próspera do mundo. Digo abandono porque creio que a modernidade nos abandonou, infelizmente.

Vivemos de pensar a cidade primeiro com olhos de Praia Grande, depois com as miradas da Deodoro à João Lisboa, e agora com análises que nascem na Península e terminam no Calhau. Até já abandonamos o Olho d'Água e o São Francisco. Abandonamos o sonho de crescermos para ganhar as ágoras do mundo.

E por qual razão vem agora este lamento?

Digo isso porque fazemos política de "sinhozinhos" e largamos para o Bonde dos 40 "curumins" e "negrinhos". Pedrinhas só se tornou um problema quando as cabeças decepadas pularam dos muros e os ônibus incendiados chegaram perto das novas moradas inteiras. A eterna omissão só admitiu revoada quando as carcaças dos urubus se aproximaram do milharal. Estamos de costas para um milhão e cem mil habitantes que moram nesta Upaon-Açu e por isso temos a sensação de que a cidade é bem menor, que tem menos gente, possui menos adolescentes e nela trabalham menos meninos. Abandonamos a maior parte de nós mesmos. A ilusão de que somos poucos, de que somos o centro, de que somos o que há de importante vem impregnar nossa política e nossas vidas diárias. Eternizamos a crônica do abandono. Estamos qualitativamente mais próximos da Tanzânia e de Uganda do que do Chile ou da Argentina. E isto é estatístico e está disponível para quem desejar ver. São dados técnicos, e não mera figura de retórica.

Na penitenciária de Pedrinhas, esta massa de excluídos, condenados e miseráveis, chega desde este universo em que o Estado lhe nega tudo, e onde é impossível viver sem violência. Ali, ela mergulha num processo maior ainda de desumanização, que reduz o homem a uma sobra do que é ser humano. A família do preso é obrigada a trabalhar para os chefes do crime, sob pena de morte; os detentos são obrigados a permitirem que suas esposas mantenham relações sexuais com outros – numa espécie de estupro consentido – em troca de sobrevivência.

E o que dizer destas mulheres que para não morrerem, têm de suportar tamanha barbárie? É fácil traficar armas, drogas, celulares e o que mais de necessário for, vez que a administração penitenciária ou é refém da criminalidade ou conivente com ela. Olhar nos olhos de alguém pode significar decapitação; querer alguma humanidade pode significar a morte.

Neste estado d'arte, de completa ausência de humanidade, de falência do Estado, de descontrole da administração do espaço, o que nos assegura que nossos quintais não sejam invadidos e as espoletas estourem os nossos miolos, na primeira oportunidade? O que têm a perder os excluídos da cidade – reduzidos à essência animal – que os fazem não invadir todos os quintais do mundo?

E que defesa é acessível aos inocentes pobres do asfalto que não possuem hipótese alguma de resistência? Que morrem carbonizados nos ônibus numa cidade onde não há sequer unidade médica para queimados?

Há quem defenda para Pedrinhas a Solução Final. Propositadamente eu uso o mesmo termo do nazismo alemão para demonstrar o tamanho da absurdez e da desumanização que isto também representa. Cercados de tanta miséria e violência muitos de nós pensam violentamente. Ao considerarmos fazer com a penitenciária o mesmo que foi feito no Carandiru, estamos nos igualando aos mesmos sub-homens que ordenam decapitações, que queimam crianças nos ônibus, e que se responsabilizam por 65 assassinatos em um ano, bem ao nosso lado. Este dado, por si só, já representa metade de um Carandiru de Homicídios.

O complexo de Pedrinhas não é mais uma penitenciária. É uma trincheira do crime. É uma escola de delinquência que somente existe porque criamos uma fábrica de exclusão social, fabricamos uma usina de miséria, nos afogamos num mar de corrupção, envoltos numa ausência também criminosa.

Vamos eternamente nos prender ao círculo vicioso de prender, desumanizar e matar? Vamos criminalizar a exclusão, punir a miséria, mergulhar num genocídio dos miseráveis e criminosos – embora degradantes e degradados – e manter intacta a máquina que constrói esses perfis?

Recebemos a conta. Estupefatos como se não fosse crível que a lama que rodeia a ilha pudesse enfim invadir as areias das praias, a Jerônimo de Albuquerque, a Colares Moreira e a Holandeses. Atônitos, perguntamos nas esquinas o que deve ser feito. Por incompetência e egocentrismos seus e meus não percebemos através dos anos o que se passava a nossa volta. Você que me lê e eu que escrevo somos a minoria na nossa terra pelo simples fato de sermos alfabetizados para além de sabermos desenhar o nome; e somos mais minoria ainda porque podemos escrever em um computador e comprar um jornal para ler.

Quem são os culpados e o que podemos fazer?

Nossa origem portuguesa e cristã europeia sente necessidade de procurar culpados. Ouso dizer que culpados somos todos nós. Por omissão ou por ação, permitimos que tudo chegasse aonde chegou. Uns de nós bem mais – outros um tanto menos – fechamos os olhos para a violência e a degradação que invadiu os quintais do nosso mundo.

Precisamos urgentemente de menos dinheiro gasto em campanhas eleitorais; menos corrupção; mais investimentos em saúde, educação, mobilidade urbana, moradia e tudo o mais que pode fazer do bicho que existe dentro de cada ser, um verdadeiro homem. Menos egocentrismo elitista e mais humanismo, talvez ajudassem. É certo que mais policiamento, mais segurança, mais presídios e uma urgente desconstrução da Trincheira Criminal de Pedrinhas são metas prementes, porém incapazes de resolver o problema que se instaurou.

É fácil encontrar propaganda reclamando dos vícios dos velhos políticos e é fácil encontrar discursos que se propõem a ser o novo, a mudança, o novidadeiro, o transformador, sem nada de diferente. Não há nada de novo nisso: nem na análise e nem na crítica; nem na tese e nem na antítese.

E por quê?

Talvez por uma só razão: aquilo que de fato necessitamos para tentar avançar na sina de Atenas brasileira, de única capital de berço francês, de local de melhor português falado do país implica reconhecer que somos muito mais África que Europa, que somos algo mais que moradores do Renascença e da Península. Seria necessário olhar para quem de fato somos em São Luís do Maranhão.

A nossa juventude se apequena numa visão de mundo que termina no estreito dos Mosquitos e namora a Europa de além-mar que ficou para trás... E muito longe.

De pronto fica o desejo de aprumo. A vontade de entrarmos no prumo reconhecendo que somos mais que a tola elite desfigurada. Sem brilho, sem conteúdo sem futuro, vivendo de passado. Passado este que, também, nunca existiu.

Somos a corte de "um rei que nunca nem chegou".

Sobre o que me propus a dizer neste artigo, lembro-me de um adesivo colado nos carros de Buenos Aires, pela junta militar, acusada internacionalmente de matar diversos dissidentes e ofender aos direitos humanos do povo argentino: Os argentinos são direitos e humanos! O discurso do poder era transformar a observação dos erros em meras ofensas externas, ditas por quem não amava a própria pátria.

Vamos nos lembrar que deixar de reconhecer os problemas de quem se ama é o primeiro passo para perder o objeto amado.

Como dirá outra vez o eterno José Chagas, e dele lembro pensando na minha São Luís, no meu lugar...

> "Palavra quando acesa não queima em vão,
> deixa uma beleza posta em seu carvão.
>
> E se não lhe atinge como uma espada.
> Peço não me condene oh minha amada.
> Pois as palavras foram para ti, amada."

2.2

Casa de branco e terras de preto

Somos racistas? Ou melhor pondo a questão, há na nossa maneira de viver alguns traços ou hábitos que induzam à segregação decorrente da cor da pele?

A São Luís na qual eu cresci orgulhava-se de dizer que não era racista. Muito por inspiração de Aluísio de Azevedo – as famílias impunham-se o dever de não ter preconceito com a cor da pele dos outros – quando se discutia relacionamento entre jovens apaixonados. Tanto o discurso das praças quanto a política das cadeiras nas calçadas das vizinhanças eram fragorosamente integradores: negros e brancos, somos todos iguais.

Da mesma forma, as manifestações culturais que vieram da África – inundando os tumbeiros, as cafuas e as senzalas – floresceram tanto nas ruas de São Luís que a cultura aproximou as pessoas e a diferença criada de forma econômica e artificial foi esquecida. Mas apenas de uma certa maneira. Tornei-me homem acreditando que não éramos racistas e solidificou-se em mim um senso de igualdade que construiu argumentos para eu ver e explicar o mundo.

Porém, marcados pela história colonial – como somos em todo o Nordeste –, seria natural que os relacionamentos entre os seres humanos se afirmassem historicamente e pragmaticamente no eixo que possui de um lado o dono do poder e do outro o que sustenta o poder. A brutal concentração de renda fez com que tivéssemos os proprietários de terras, de títulos, de negócios e de cargos de um lado, e de outro os trabalhadores, os ex-escravizados, os prestadores de serviços dependentes. Ainda que a cor da pele não venha a determinar por si só a diferenciação social, a nossa origem a condiciona.

Basta que vejamos uma sala de aula numa grande escola do Renascença e depois a comparemos com outra escola da periferia de São Luís.

Podemos individualmente não segregar ninguém, mas o nosso modo de ser em sociedade segrega, e muito. Ainda estamos imersos na dicotomia "terras de pretos e casas de brancos". O que fazer quando o assunto é espinhoso? Enfrentá-lo, não o desconhecer. Entender que mesmo acreditando na igualdade nós não a vivenciamos. Algo precisa mudar. A mudança virá – penso eu modestamente – de duas maneiras. Em primeiro lugar, o Estado precisa modificar seu sentido de existir.

Precisamos parar de pensar os governos municipais e estaduais como centros de satisfação dos interesses empresariais e familiares de uns poucos. E mesmo que esta prática não seja mais o norte do governo, ela está viva e impregnada no imaginário da sociedade.

As estruturas do Estado devem continuar focadas em políticas públicas de igualdade e de produção/distribuição de renda, de acolhimento de quem precisa estar inserido no modo de viver contemporâneo para poder, assim, superar a sua própria dependência, e fazer o Maranhão avançar. Um município que alimenta poucas famílias de apaniguados com suas políticas – lícita ou ilícitas – afasta-se da sua possibilidade de potencial crescimento. Uma sociedade que mantém a dependência que os colonizadores criaram, mantém a todos nós como eterna colônia. Serviços públicos deverão estar focados em quem deles realmente precisa e ter por objetivo a sua satisfação, para progresso de toda a sociedade.

Em segundo lugar, e não sem uma frutífera participação pública, a educação precisa continuar mudando e efetivamente mudar. A irresponsabilidade social e estatal com a educação das novas gerações apenas agrava o fosso da diferenciação, e é preciso reconstruir a estrada. Os professores das escolas públicas lecionam nas escolas privadas frequentadas pelos filhos de quem possui mais posses. Os salários dos professores públicos no Maranhão é um dos mais elevados do país. Por qual razão a aula que é dada na escola privada é tão melhor que a aula lecionada na escola pública? Que tipo de cultura de aceitação da diferença nos leva a permitir isso?

Algumas revoluções foram feitas em lugares vizinhos. Lugares destruídos cresceram do nada. Chegou a nossa hora de fazer algo.

Há sempre – na sociedade e dentro de nós – dois lobos brigando eternamente. Um lobo pensa apenas em nós mesmos.... O outro lobo pensa no outro. Um lobo pensa na sua classe, no seu grupo e nos seus iguais. Outro lobo pensa em todos nós como uma unidade integrada e igual, que precisa crescer!

Qual lobo vence a eterna luta?

Eu respondo: o lobo que alimentamos.

2.3
Catilinária municipal

O mundo português, que me queixo de conhecer bem, organizou-se a partir das câmaras municipais. Herdamos a ideia de Município como centro organizador dos investimentos sociais básicos. Em pequenos aldeamentos de além-mar, onde a sociedade local discute seu modo de viver e os serviços fundamentais dos quais necessita, doar-se ao público é o primeiro dos objetivos de quem segue carreira pública. Não é à toa que o atual presidente de Portugal foi da Câmara de Celorico da Beira, mesmo após a sua primeira derrota nas presidenciais.

Mas isso é em Portugal.

No Maranhão – o mais português dos Estados do Nordeste – tudo segue sendo diferente.

Não precisamos de muitos heroísmos retóricos para admitir que nosso municipalismo é caótico, impregnado de corrupção de diversos tamanhos e vivendo sob a sombra da agiotagem descarada. O dreno dos orçamentos dos municípios para a sustentação e satisfação pessoal de uma elite política nada cultural e indigna de representação é tão grotesco que a quantidade de problemas com prestação de contas de convênios, emprego correto de verbas públicas e responsabilidade por improbidade administrativa chegou a ser maior que de Minas Gerais, que possui uma quantidade muito superior de municípios.

Basta um leve correr de olhos na saúde pública prestada pelos municípios para verificar sua falência. Basta ver a educação básica do povo semianalfabeto para ver o quanto as escolas que deveriam alfabetizar gerações são vilipendiadas e repercutem o modelo de exclusão. Basta ter acesso aos dados da CGU para tremer de indignação com o tipo de exercício de poder que avançou sobre o nosso Estado nas últimas décadas. O público construiu-se historicamente para sustentar o privado e grandíssima parte dos objetivos administrativos é tão somente receber mais verbas, mais convênios e mais dinheiro público, para sustentar-se a si próprio e aos seus, mantendo o velho ditado português: "tudo como era dantes, no quartel de Abrantes". Leia-se sustentação não apenas como manutenção do grupo político local, mas como viver às custas do orçamento público.

Mas nem tudo para todos anda mal: se fizermos uma varredura nos cartórios de registro de imóveis da Península ao Calhau, não sem passar pelo Renascença, nas matrículas nas universidades privadas e nos registros do Departamento de Trânsito, veremos que a vida não vai seguindo tão ruim para algumas famílias que administram municípios – sobretudo os pequenos – na terra de Manuel Bequimão.

É o modelo escravocrata que evoluiu para coronelismo da enxada e do voto, tão bem caracterizado por Victor Nunes Leal, e consolidou-se numa corrupção de sustentação de poder local. Não é um grupo político, não é um partido, não é uma pessoa! É um modelo que relega ao Estado inteiro padrões indignos de vida.

Pior de tudo, aqueles que podem pensar o Maranhão de outra perspectiva não raro calam, ou aceitam ou obtêm vantagens de alguma forma. Há risco nesse cômodo silêncio. A omissão de quem pensa e o medo de quem escreve mantêm cafuas e pelourinhos.

O Maranhão precisa de muitos Cíceros em todos os municípios:

> "Até quando, Catilina, abusarás da nossa paciência?"

2.4

"Não gosto de vê-los! Isso me assusta"

O cidadão de classe média ludovicense – ainda sob o impacto da violência urbana derivada da questão penitenciária e construída sobre a miséria desta parte do mundo – foi forçado a conviver com outro evento que igualmente desenvolveu-lhe o medo. Os chamados *rolezinhos* abandonaram as cenas do noticiário das sete e deixaram de ser pitorescas formas de comportamento de jovens do centro-sul do país para invadirem o cotidiano de São Luís.

Sem sequer descansar a consciência após as barbáries, o ilhéu sente medo do que acredita serem hordas de criminosos a arrastarem-se pelos seus locais de viver.

É fato que estamos numa cidade prioritariamente de classe média baixa, cercada por um mar de exclusão social, e com algumas torres de marfim habitadas por quem não percebe o mundo ao seu redor. Contudo, será que esse movimento tem a feição da invasão dos quintais do mundo pelos excluídos do asfalto, a que aludiam alguns pensadores?

Agostinho Marques, o nosso mandarim da Filosofia, já fazia um questionamento há mais de um quarto de Século, falando do alto do seu lugar de Paraninfo: "Em nome de quê, nós, os incluídos, esperamos que eles, os excluídos, cumpram as nossas leis? Muitas das quais, diga-se de passagem, têm como consequência precisamente a perpetuação dessa exclusão?"

A frase expõe uma verdade incômoda – ainda que seja reveladora de um romantismo quanto à dita exclusão social no tempo corrente –, e assusta porque propõe subliminarmente duas questões:

Se existem excluídos que não vivem como nós vivemos – por absoluta impossibilidade a que eles mesmos não deram causa – é porque estamos em uma bolha e apartados de outros seres humanos.

Se existem excluídos que estão fora do nosso modo de viver – e que podem não se submeter às nossas instituições, às nossas leis e à "nossa moral" – nossas vidas estão expostas e nossa racionalidade, ameaçada.

Mas este é o caso da concretização da advertência agostiniana proclamada na solenidade de formatura de minha turma de graduação?

Primeiramente devemos perceber que os jovens que participam desses eventos são aqueles que se deixam seduzir pela ideia de comprar. Eles querem ter o prazer de consumir, o que não lhes é economicamente possível – pelo menos em parte. Contudo, aceitam o valor do consumo e o professam.

Talvez queiram apenas ser reconhecidos como tripulantes da nave consumista que se tornou a humanidade. Não fosse o caso, fariam *rolezinhos* em restaurantes, praças, prédios públicos, parques ou bibliotecas públicas.

Uma segunda questão a ser observada é o perfil dos sujeitos ativos do movimento. Que tipo de excluídos utiliza-se de *Facebook*, *WhatsApp* e SMS para chamar outros excluídos, com idêntico acesso à mesma tecnologia, para um passeio em algum lugar da cidade?

Não se trata de excluídos, mas de jovens pobres de periferia, com baixa capacidade de compra e algum acesso à tecnologia, buscando aceitação e exercitando a novidade. São garotos que também se deixam levar pelo mesmo já falado *efeito manada* das redes sociais, por meio do qual, ao invés de negarem o modo de viver dos incluídos, desejam participar da lógica e da dinâmica do consumo no mundo contemporâneo, e assim construir, por meio dessa participação no mercado consumidor, o sentimento de inclusão.

Nem de longe são exemplos de excluídos invadindo os quintais alheios! Nem de longe concretizam a advertência lúcida e vanguardista do mestre Agostinho. Não negam a racionalidade vigente, não estão apartados da vida que nós levamos, não são timoneiros de "outra moral" e nem fazem parte de outra realidade. Não são jovens negando o capitalismo. Não é uma reação do proletariado contra o capital. Fácil verificar que Karl Marx não tem nada a ver com isso. São jovens. São pobres. Moram na periferia. Estão se divertindo. Nada mais!

Esses *rolezinhos* não se confundem com os arrastões, estes sim mais próximos da realização contemporânea da advertência do nosso Mandarim. Não houve, até o momento, registro de saques, depredações ou violência. Se houver princípio de depredação e saque, logicamente a polícia terá de intervir. Não há vandalismo que possa ser justificado – na ordem vigente – com base em movimentos sociais. Mas não há que se arregimentarem tropas de choque por puro medo do outro. Medo do que nos é diferente.

Se isto é assim, qual a razão do sentimento de ameaça que a classe média – alta ou baixa – tem quando se depara com tantos pobres vagando pelos seus locais de viver?

A nossa bolha protetora fura quando nos deparamos com a realidade que existe para aquém da nossa vida. Não sem razão, durante a Olimpíada de Atenas, em 2004, os mendigos foram retirados das ruas e colocados num albergue – tendo acesso a comida, camas e roupas – para que não ficassem visíveis aos olhares do mundo. Se não podemos ver, se não convivemos, se não enfrentamos a realidade, terminamos fazendo de conta que ela é diferente, ou não existe.

Aquilo que nos envergonha e deprime, e nos demonstra que nem todos têm a vida boa que possuímos, é melhor ficar longe dos nossos olhos. Ficará mais fácil fazer de conta que o mundo é cor-de-rosa, como o Guaraná Jesus.

Alguns refugiados na bolha – cuja representação simbólica mais perfeita talvez seja o próprio *shopping center* – sentem-se afrontados e desprotegidos ante a revelação de que o mundo não é composto só de jovens bem-vestidos, educados, de boa saúde e perfumados. Creem que há um problema que o direito, ou mesmo a polícia, deveria resolver.

Não vivemos apenas a dicotomia de incluídos *versus* excluídos. Vivemos também o maniqueísmo dos iguais a nós em confronto com os diferentes de nós. E de repente os diferentes de nós – com menos posses – ousam chegar tão perto que parece ser ilegal e antijurídica essa proximidade. Somos elitistas, excludentes, xenófobos e cegos voluntários. Protegemo-nos na distância.

É óbvio que se não houver depredações ou furtos, não haverá nenhuma ilegalidade nos *rolezinhos*. Eles apenas são um tapa no nosso camuflado elitismo. Uma crua exposição das nossas incapacidades de convivermos com o que nos incomoda. Eles apenas deixam claro, para o desespero de alguns, que não moramos na Suíça, e que fomos incompetentes em transformar este lugar numa boa cidade para todos nós.

2.5

O bar do Mosca

"O Mosca" não era um bar: era uma instituição. Para falar a verdade ele nem mesmo se chamava "Bar do Mosca". Chamava-se Bar Sol, em homenagem à rua que lhe dava abrigo. Mosca era o apelido que nós botamos no garçom. Magrinho, algo entre albino e louro, muito próximo do popular "fogoió", estava sempre trazendo cerveja e levando garrafas vazias. Possuía olheiras profundas, quase não falava e circulava nas mesas como uma mosca de padaria. E ainda tinha aquela coisa das duas mãos! Eram curvadas para frente, como que penduradas no antebraço e pendentes na direção do chão. Ele realmente parecia uma mosca. Por isso era o "Bar do Mosca", e não da mosca. Mosca e Volpone – Nanini e Latorraca – também são culpados pelo apelido.

Karl Marx era nosso companheiro eterno, e o regime militar era o "cachorro da festa", que todos nós chutávamos com afinco. Chico Buarque, Vinícius de Morais, Garcia Márquez e Josué Montello eram visitantes sempre ilustres, e não raro surgiam outros passantes menos habituais, como Nauro Machado, Paulinho Pedra Azul, Flávio Venturini, 14 Bis e Mercedes Sosa. Nada de música *yankee*. Nada de literatura imperialista. Quando muito um pouco de Beatles, e com alguma desconfiança. Ou um tantinho de Hemingway e Faulkner, mas com vigilância redobrada. E um brinde a Pablo Milanés!

Todos nós bebíamos Cerma, a cerveja mais barata dos bares citadinos, pois arrancar uma grana para beber Antarctica era um pouco mais difícil. Quando pintava um vinho era o bom e velho 'Tamandaré', quando não era sucedido pelo fiel 'Sangue de Boi'.

Whisky era quase impossível, a não ser como rescaldo da farra de algum dos nossos pais. E mesmo assim furtado, pois nenhum deles admitiria os filhos de quinze, dezesseis ou dezessete saírem de casa com uma garrafa de escocês.

Lênin também era *habituée* das rodas, e só superava o herói da Ilha, literalmente, já que vínhamos todos de ler Fernando Morais. E um brinde ao companheiro Fidel!

E a Guerra do Paraguai então? *Genocídio Americano* todos nós lemos e quase decoramos. E tinha quem puxasse um brinde a Solano López.

Decididamente não era um boteco, era um complemento da escola. Papo de bêbado, papo de apaixonado, papo de esquerdista, e até mesmo papo de crise existencial rolava no "Mosca". Só não pintava papo de mauricinho, conversa de *playboy* e gosto de "filhinho de papai". 'Mosca' não era lugar para "boi de botas", como dizíamos. Afinal, "nós somos nós, e boi não lambe. E se lamber, nós corta a língua, pois chapéu de otário é marreta". Entre Cermas quentes e queijo coalho gelado dizíamos isso de todos – e de nós mesmos. Não era um boteco. Era instituição. Era cultura, literatura, política e sociedade. Discurso jurídico veio algum tempo depois, mas aí já estávamos em busca do Ponto de Fuga.

A Geração "Bar do Mosca" possui hoje entre 50 (cinquenta) e 54 (cinquenta e quatro) anos. E ainda tem horror a *playboy* e mauricinho. Ainda discute política, cultura, literatura e sociedade. Todos pensam o Brasil, o Maranhão, São Luís e o mundo.

Agora estamos todos discutindo em outras arenas da vida, mas ainda tendo o sol e o céu por testemunhas.

3

DO DIREITO PARA DENTRO

Judiciário, direito e democracia

3.1

... E os juízes foram embora de Berlim

Berlim existe em muitos imaginários judiciais. Em primeiro lugar, porque lá estava o direito positivo, seguro, escrito e válido universalmente. Em segundo lugar, porque os juízes que lá viviam não se submetiam a nenhuma expressão de poder. Eles eram uma força autônoma e distinta dos outros dois poderes. O juiz não estava em Paris – terra dos legisladores – e não se via em Roma – a cidade tornada império.

A referência da magistratura era Berlim: havia juízes lá.

No despedaçado Brasil do nosso tempo, os juízes abandonaram a alegoria do direito seguro e da independência necessária para decidir.

Frederico, o Grande, vem ganhando a guerra.

Não são todos os juízes que podem ser apontados por qualquer trabalhador – não necessariamente um moleiro – e entronizados como salvaguardas de direitos através da expressão "há juízes em Berlim".

Não estão mais lá.

O êxodo pode ser geracional, e a mudança de paradigmas talvez tenha contribuído para a abdução de tantos julgadores por Batman e Superman. O entupir-se de teorias e escritos concurseiros para tornar-se magistrado possivelmente tenha tirado muito da compreensão humanista de sociedade e da epidérmica vivência do Nelson Rodrigues, necessária para decidir no mundo. Desconheceu-se "a vida como ela é" e embarcou-se na atuação tal e qual a Marvel nos ensinou.

O ativismo antidemocrático nos invadiu de tal maneira que se inventaram decisões e modas, e o Judiciário se arvorou não mais que repentinamente em legislador onipotente, criando normas que não existem e fazendo opções que o legislador não fez.

E institucionalmente fomos além. Afastamos as regras seguras e imperativas do direito objetivo – uma conquista da modernidade – e entronizamos o julgamento moral, o fundamento ético e a decisão pelo justo. Esquecemos, propositadamente, que não há fixidez na moral, certeza na ética ou ideia unívoca de justiça. Não são regras escritas, tampouco seguras.

Que moral? Que ética? Moral de que grupo? Ética para que estrato social? Justiça para quem? Todos estes conceitos estão na cabeça do iluminado juiz, que pode ser um obscuro medíocre.

Os juízes abandonaram Berlim quando substituíram o direito pela sua moral particular e viram-se como profetas de um novo amanhecer. Alguns substituindo os códigos por uma Bíblia ou outro texto sagrado, o que é mais assustador ainda.

E, por esse último motivo, muitos pensaram estar vivendo uma Revolução Francesa, mas Torquemada lhes aguardava com as vestes talares da Santa Inquisição, por meio da qual os fins justificam os meios e a maldade é cometida pelos bons propósitos.

Mas Berlim também significava independência. Mesmo contrariando Frederico, o direito seria aplicado. Fora da Berlim imaginária, ninguém contraria o senso comum, a mídia relevante e as redes sociais no nosso país, nesse nosso tempo.

Acabou-se a independência.

O aplauso que se espera, os desejados *likes* que se almejam e o comentário positivo que se aguarda oprimem mais que Frederico, que afinal desejava uma vista melhor do seu castelo.

Premidos mais uma vez pelo desejo de glória – por minutos de fama, *likes* e comentários – vêm os juízes abandonando a sua própria racionalidade, deixando sua vocação institucional de lado e tomando de assalto o espaço da política, que é verdadeiramente democrático, e construindo uma nova modalidade de Estado antidemocrático: aquele que emana da sua própria toga.

Precisamos recuperar Berlim.

Há tantos juízes que não se sentem confortáveis com esse perfil hiperbólico de magistrado que surgiu de braços dados com a mídia; há tantos juízes assustados com esse avanço da toga sobre a democracia...

E há tantos de nós que acreditam num país mais justo, sem corrupção, sem punitivismo, sem leniência, sem heróis e sem autoritarismo ... há tantos de nós que desejam viver num lugar onde as leis sejam respeitadas e os poderes sejam divididos sem gigantismos narcisistas.... somos tantos, embora silenciosos, que é o caso de repensarmos nossa própria omissão neste contexto histórico.

É preciso discutir livremente ainda que haja ferrenho patrulhamento ideológico, pois "palavra quando acesa não queima em vão. Deixa uma beleza posta em seu carvão".

Precisamos voltar para Berlim.

3.2

O pêndulo geracional

Há muitas frases feitas afirmando que uma geração conservadora gera filhos liberais, e o liberalismo dos pais é a causa do conservadorismo dos filhos.

Não há como dizer se isso é absolutamente verdadeiro ou completamente falso, porém é fácil constatar que a geração nascida nos anos 60 vivia e ainda vive a magistratura de maneira muito mais progressista e liberal que os juízes da geração *Millennium*.

Talvez em decorrência da formação intelectual dos magistrados cinquentões ter ocorrido nos estertores do regime militar, o juiz que chegou à magistratura nos anos 90 vê o mundo de outra perspectiva.

O direito alternativo era uma hipótese de contraposição ao Estado ditatorial, e a reação ao autoritarismo era vivida através de formas alternativas de direito, que desbordavam do direito positivo.

Muitos teóricos ou filósofos do direito, dentre eles Luís Alberto Warat, chamavam a atenção para o perigo de um direito sem amarras, livre dos limites da lei. Era confiar demasiadamente no ser humano tornado juiz. Somos humanos, demasiadamente humanos para não termos limites de decisão.

A nova geração de magistrados em geral não é nada progressista, mas usa do arsenal criado pelos progressistas do direito achado na rua para esquecer o direito positivo e inventar seu próprio Código de Processo Penal.

O alternativismo libertário e emancipatório virou o moralismo punitivista da nova geração de toga.

As normas de direito positivo que dão garantia de liberdade e permitem a presunção da inocência ou limitam investigações em decorrência dos direitos humanos são hoje vistas como problemas para a correção dos males da sociedade. Uma vez mais o discurso do combate à corrupção. O pêndulo agora está no outro lado. E sob a ótica dos que defendiam o direito alternativo e o direito achado na rua, o chicote mudou de mão. As ruas são punitivistas e o alternativo a um Estado social, durante um governo de centro-esquerda, pode ser o neonazifascismo.

Apenas muitos anos à frente, quando a florada dos ipês de Brasília surpreender pela primeira vez os nossos netos, é que teremos condições de entender o que se passou com a magistratura brasileira a partir de 2013.

De onde viemos, quem somos e para onde vamos não é tarefa possível para quem está mergulhado no tempo presente.

Lamentavelmente, ou tristemente, nos resta lembrar que fomos felizes... e sabíamos.

3.3

O Direito e a pós-modernidade

Estamos na pós-modernidade. Tal afirmação traz consequências diversas para o jurista preocupado com o modo de pensar e a maneira de exercitar o discurso jurídico. Se a pós-modernidade traz consigo uma nova forma de viver em sociedade, e afigura-se uma nova era na qual vivemos, obviamente os discursos da sociedade sobre ela mesma e seu discurso jurídico-normativo devem se adaptar às mudanças na base sobre a qual devem operar.

A sociedade, ao modificar a sua forma de ser, e ao diferenciar a leitura que ela própria faz de si mesma, transforma obrigatoriamente o discurso do direito, que se diferencia do discurso jurídico moderno, ao menos em parte. Trata-se de uma diferenciação que surge para adequar a aplicação do direito às novas hipóteses fáticas e às novas conformações da sociedade. Afinal, tantas são as possibilidades de autodescrição da sociedade que no atual contexto não existe uma única capaz de esgotar todos os caminhos possíveis. Em um contexto de sociedade hipercomplexa, existem mais possibilidades de ação no mundo do que aquelas que concretamente podemos vivenciar.

Estar imerso em algo que se diferencia do moderno, mesmo reconhecendo todas as conquistas que a modernidade trouxe para a humanidade, significa conviver com o novo e com o inesperado. Este reconhecimento não pode confundir-se com o discurso da antimodernidade. Viver a pós-modernidade é vivenciar diferenciações discursivas e concretas que fazem deste período da história das sociedades algo mais complexo do que qualquer outro em toda a vivência do homem.

Embora não haja uma unanimidade acerca do que significa o termo "pós-modernidade", tampouco uma unicidade terminológica, é fácil perceber que todos os conceitos mencionam mudanças, diferenças, características distintas em comparação àquelas que identificam a modernidade. O nosso mundo – temporalmente tomado – já está claramente diferenciado de outras realidades representativas de outros períodos no decorrer da História.

É impossível dizer se isso é bom ou se isso é mau. Muito provavelmente não há nem correção e nem acerto. Esta forma de viver é apenas a realidade, e nenhum discurso político, sociológico ou jurídico tem o condão de negá-la. Ela não é boa nem má, é apenas outra maneira de viver 'o' mundo e de existir 'no' mundo. É uma forma sensivelmente diferenciada daquela que possuíamos há 50 anos, muito embora o tempo histórico não se prenda unicamente a critérios cronológicos. O que há é uma diferenciação, e esta diferenciação comporta as análises dos diversos discursos hoje existentes, todos com pretensão de validade e de diferenciação cada vez mais acentuada em relação ao discurso da modernidade.

Há que se admitir que o pensar pós-moderno não pode, e nem deve, se apresentar como um discurso legitimador do neoliberalismo, ou uma negação das conquistas da modernidade.

Dizer que a sociedade adentrou na pós-modernidade não implica negar avanços e consequências da modernidade, incluindo seus paradoxos, mas sim constatar a existência de uma diferenciação estrutural, ou discursiva, entre períodos muito próximos na dinâmica do tempo. A hipercomplexidade da sociedade permitiu mudanças profundas em espaços de tempo reduzidos, gerando impacto na percepção do tempo e nas tentativas de conceituação do tempo histórico como grandeza distinta do tempo cronológico.

Estas diferenças não podem ser creditadas apenas ao avanço natural do tempo, e são modificações profundas na maneira de ser e de pensar das pessoas.

A sociedade contemporânea busca explicar a sua dinâmica muitas vezes a partir de critérios eminentemente econômicos de avaliação. Com isso, desfaz parte do mito da unidade e do progresso em uma pretensa comunhão de propósitos, a partir dos quais foi forjado o conceito de "nação". O neoliberalismo tem a cara do individualismo, e representa um modo de vida e de pensar que privilegia soluções econômicas em detrimento de opções morais ou éticas. As justificativas de um sistema econômico – cada vez mais traduzido como sistema financeiro –, aliadas a um verdadeiro domínio dos espaços públicos por forças privadas, acarretam uma desumanização das relações sociais e uma entronização dos critérios econômico-financeiros em searas dantes colonizadas por uma moral kantiana ou um discurso dogmático-positivo no âmbito do sistema jurídico.

Surge o problema: É possível ao direito sobreviver fora do leito das grandes narrativas?

3.4

Para que serve um juiz?

Zygmunt Baumman, a coqueluche das academias no novo milênio, definiu grandes narrativas como a explicação global da caminhada do Homem no mundo. Também deixou claro, na sua monocórdica canção, que a liquefação do mundo gerou a ausência de explicações globais, e consequentemente uma dispersão atroz das ideias e das justificações. A humanidade nunca foi tão disjuntiva é tão disruptiva.

Com o Poder Judiciário não tem sido diferente. Neste final de segunda década do século XXI vivemos compreensões acerca do papel do juiz muito díspares entre si.

Na modernidade ocidental, e para quem não vivia as monarquias constitucionais, o juiz era fruto da República. Era a manutenção da igualdade entre as pessoas – cristalizada de certa forma na expressão "todos são iguais perante a lei" – que movia o magistrado. "Ele vinha sem muita conversa, sem muito explicar" (Chico nunca é demais) e trazia com ele a necessidade de aplicar o direito positivo, mesmo entre aqueles que não gostavam de mar.

Quando morre a narrativa da igualdade e morre a narrativa da República – porque alguns homens heterossexuais, brancos, religiosos, machistas, elitistas e incultos se acham melhores que outros humanos – é o juiz cidadão que também falece.

Nesse começo de baixo século, há diversas demonstrações claras de que alguns sentem saudades de senzalas, lamentam o fim da subserviência feminina, e operam para que o mundo regrida, em alguns assuntos para a Idade Média, em outros para o tempo das cavernas. E cavernas sem Niéde Guidon a estudá-las.

O abandono da modernidade ocidental – que oxalá não vingue, mas que se desenha nesse nosso 2019 – modificou totalmente a narrativa acerca do que é o Poder Judiciário e para que serve o juiz. Isso nos faz lamentar a correção da análise de Alexis de Tocqueville: o Judiciário é o mais conservador e subserviente dos poderes.

Lamentável.

E de braços dados com essa narrativa fragmentária, o juiz passa a ser o herói conservador que precisa punir, que precisa manter os valores morais – mesmo que não saibamos ao certo o que isso significa –, e precisa estar acima da igualdade e da liberdade.

Outra vez lamentável.

E nesse diapasão, essa forma de perceber o Direito Penal gera outras narrativas: a da vingança, a do encarceramento, a da seletividade etc.

O Direito Penal passa a ser não a última razão do direito positivo, mas instrumento de primeira hora na negação da narrativa da modernidade.

Lamentável é a palavra.

3.5

O magistrado e a República

Na França revolucionária, em meio a muitas xícaras de chocolate, e provavelmente em uma mesa simples, no interior do Le Procope – um café até hoje existente na Rua da Antiga Comédia –, Voltaire ousou sonhar com a igualdade entre os homens perante o Estado.

Ele, que vinha da França aristocrática, onde as pessoas possuíam valor apenas em razão dos sobrenomes, dos títulos nobiliárquicos, das propriedades e das riquezas, imaginava uma República onde a vida poderia ser vivida debaixo de um único conceito, mais humano e mais honesto: *citoyen*!

Acreditou, certamente, na Justiça que não conhece rosto, dinheiro ou poderio. Sonhou uma Justiça criminal na qual as leis são aplicadas independentemente das vontades privadas, acostumadas a submeter o Estado e a corromper verdades. Certamente Françoise-Marie Arouet acreditou em um mundo onde o juiz criminal não seria submetido a opressões, calúnias, difamações e perseguições pela só razão de cumprir a sua função.

Imaginou, com segurança, que não existiriam, em breve, a soberba de quem se sente acima da lei, e nem a indignação incontida de alguns homens em razão de um processo. A ideia de cidadão não era condizente, para Voltaire, com homens que concebem a si mesmos como indivíduos *a latere* de qualquer ação do Estado, acima de qualquer normatização, pairando sobre qualquer crítica. Era a década de setenta – do século XVIII.

De lá para cá o Estado mudou consideravelmente, mas algumas coisas não mudaram. As liberdades civis ampliaram-se, e os direitos humanos, que nasceram para proteger os homens do

Estado, passaram a ser a razão mesma do Estado. A Justiça criminal passou a ocupar a função de também julgar os indivíduos em razão do assalto e da rapinagem de bens públicos e a permitir investigações dos atos de quem vê no patrimônio comum o combustível para o enriquecimento particular.

Mas o juiz desejado pelo Iluminismo também é o avesso do que se percebe em Villefort, o conhecido Procurador Régio que condena ao *Château d'If* Edmond Dantes, no célebre romance de Alexandre Dumas. Ele é um juiz equilibrado, atencioso com as partes, que não se deixa enganar por acusadores e nem se amedronta frente aos esbirros. Ao magistrado sonhado por Voltaire não é dado o direito à sedução, e a ele não é permitido sequer perceber quaisquer propostas implícitas – ainda que recheadas da elegância cordial das academias –, mas que tenham por objetivo ceifar o cumprimento da nobre função de ser correto.

A este juiz ideal é imperioso compreender que todo aquele que é submetido à ação da Justiça tem o sagrado direito à malquerença. Todo réu, todo investigado e todo criminoso tem o singular direito de identificar no magistrado que julga a causa o seu supremo inimigo, o responsável por todos os seus atos, e o único a ver seus mais diversos delitos. Também ele, o juiz, tem de conviver com a ideia de ser julgado e analisado durante todos os seus dias, além de ser difamado e acusado de agir, impunemente, para a realização de seus próprios desejos. Nada mais natural do que o humano direito de culpar terceiros por seu próprio fracasso.

Em tempos de pós-modernidade, são muito importantes as lições de uma república, na qual a justiça, as igualdades e as liberdades são acessíveis aos cidadãos. Infelizmente, esta compreensão de igualdade, base do sentido moderno de República, não é partilhada por todos.

Entender que o sentido do substantivo que nos qualifica – como se adjetivo fosse – reside exatamente na ideia de coisa pública, de espaço de todos, regiamente direcionada pelo senso de igualdade, às vezes é tarefa impossível. A República precisa ser mais uma vez, e sempre, fundada.

O exercício da jurisdição criminal nada mais representa do que um exercício de republicanismo e de cidadania. Mesmo que este exercício seja vilipendiado, e seu autor tenha de suportar ameaças, difamações, tentativas de achaque e de constrangimento, é preciso guardar a lhaneza e a tranquilidade para lembrar que se é, acima de tudo, servidor público.

O juiz imaginário, pensado por Françoise-Marie Arouet, sempre saberá que ninguém está acima das leis e do espaço público, mesmo que em dados momentos, e em certos lugares, seja necessário reinventar a República, ou mesmo instaurá-la, pois é certo que em alguns quadrantes do globo ela parece nunca ter chegado.

3.6

Uma, duas... diversas corrupções

Assim como na Alemanha da década de trinta do século passado, e como no Brasil nas proximidades do golpe de 1964, o tema da corrupção está na ribalta. Retornou à baila, com a conveniência da mídia dispersa e concentrada.

No Brasil, a temática arrebatou os incautos e levou a reboque "os inocentes do Leblon". Virou *trending topics* no *Twitter*, virou matéria diária de telejornais, com direito a imagens de um ralo de esgoto derramando dinheiro e permitindo, através delas e da força do simbolismo, arregimentar mentes e corações.

Obviamente o Brasil tem altos índices de corrupção administrativa, e privada também, mas deixar-se corromper pela mídia destronando uma grande empresa nacional em proveito de congêneres estrangeiras é menos corrupção que fabricar atos e decisões para regozijo da mídia?

O juiz que decide de olho na leitura de sua decisão – e os correspondentes comentários dos âncoras – no jornal das sete da noite não está tão corrompido quanto o magistrado que finge não ver o desvio de verbas da administração pública?

E por qual razão a toada do combate à corrupção, com parceria espúria entre Judiciário e mídia, não pode ser tão corroída quanto o vendar dos olhos à desfaçatez de uns no trato de valores de todos nós, já que públicos?

E por qual razão o concerto entre acusação e juízo, para favorecer a tese de quem usa o direito penal a seu benefício, é menos espúria – até legítima para uns – quando se sacrifica a Justiça por interesses individuais inconfessáveis?

Não cabe à Justiça esconder qualquer sujeira para debaixo do tapete sobre o qual se pautam as investigações; mas também não cabe ao juiz ser mais acusador e interessado do que Ministério Público; não cabe ao Ministério Público enganar, mentir e arquitetar procedimentos. Forjar provas, e interpretar *PowerPoint* a reboque dos sentimentos pessoais, negando o básico princípio da justa causa para qualquer ação penal, não é o que cabe a um promotor ou procurador.

A sensação da semana que passou foi, acima de tudo, de vergonha.

Não se há de negar a existência da corrupção – em muitos níveis – mas é preciso observar com clareza e maturidade todas as formas de corrupção que os fatos bordejam.

Usar da Justiça para fins políticos e usar o Direito Penal para satisfação pessoal e projetos individuais talvez seja a forma mais revoltante de corrupção.

3.7

A Justiça no ano despedaçado de 2016

Ismail Kadaré, escritor conhecido no país por obra e graça de Walter Salles, deu conta de um conjunto de sentimentos correntes no seu universo mítico. Muitos anos depois, no ano de 2016, a arte invade a vida, e a vida, imitando a arte, termina por impregnar-se dos mesmos humores.

Qual o lugar do juiz no universo?

O desejo de fazer o moralmente correto, perseguindo um objetivo elevado, mesmo hesitando sobre funções, discursos e regras, além do objetivo de ver-se como herói, cristaliza a vendeta e transforma o cotidiano da magistratura num despedaçado mês de abril.

De forma equivocada e efusivamente renitente, alguns juízes vêm escolhendo um lado, ocupando uma trincheira, e seguem hipotecando solidariedade completa a um conjunto de práticas que muito pouco tem a ver com o equilíbrio necessário para a realização do direito.

É possível vê-los nas redes sociais de toga, sobre os carros de sons aos microfones, nas escadarias dos fóruns lendo manifestos e nos grupos de *WhatsApp*, brandindo apoios incondicionais. Grave equívoco.

De repente, não mais que repentinamente, o juiz, profissão percebida até então como de credibilidade para lá de duvidosa, viu-se na situação especial de dono do sabonete e ocupante do lugar responsável por uma limpeza não apenas de mãos, mas do corpo inteiro – e de toda a sociedade. O bordão criado em apoiamento ao Charlie Hebdo vem sendo repetido mil vezes. Seguiu-se uma catarse coletiva. Realizou-se mais uma vez o efeito manada.

O governo estava ferido. Mas isso justifica que a independência, a imparcialidade e o sentido de existir do Judiciário precisavam ser queimados na mesma fogueira dos ritos fúnebres?

Os fins podem justificar os meios no âmbito do discurso político, pois a moral própria desse sistema o permite. Contudo, o procedimento e as regras são um fim em si mesmos no mundo jurídico, uma vez que sua própria existência e o pronto respeito às normas são um direito fundamental. O sistema jurídico obedece a outras morais.

Quando todos seguem a manada, e lá está a resposta correta para a política, ou para a religião, há sempre um confronto com outros saberes. Lá pode estar a morte ou a lápide do direito.

O povo pode apaixonadamente seguir jornais e emissoras alinhadas no desejo de fim do governo. É o movimento certo para a maioria. É o movimento correto na política e talvez para a economia também.

Já o movimento certo para o sistema jurídico não passa necessariamente por esta participação interessada pelos fins. O que se deve objetivar é que a queda deste ou de qualquer outro governo deve se dar dentro das regras, e a prisão de todos – exatamente todos – os corruptos e corruptores tem de ocorrer dentro dos limites da norma. Só a lei nos salva da barbárie, da caça às bruxas, da perseguição moralista e da guerra civil. Há muitas togas esperando um pouco mais de valorização ou de fama pegando carona em erros judiciais. O risco de contaminação geral é imenso.

O foco do discurso judicial não poderá ser jamais o incondicional apoio a um só centro de decidir. O sistema tem quatro níveis, portanto o apoio deverá ser sistêmico e não individual. O apoio deverá ser imparcial e ao procedimento, jamais ao seu resultado, ou a um de seus atores.

Fácil entender o porquê.

Não é dado à grande massa compreender todo o contexto, mas os juízes não podem se dar ao luxo de serem ingênuos.

Se a corrupção é sistêmica e se a operação não visa a atacar um só partido e sim o sistema viciado, natural que haja um desejo conjunto de limitação, controle e finalização da operação pelos ainda não atingidos. Aliança se tornará, velada ou explicitamente, suprapartidária. Como diria Carl Sagan, as cinzas dos capitalistas e dos comunistas serão iguais. O inimigo maior do sistema político tornará todos os seus integrantes sócios na aventura da sobrevivência.

Contando-se prazo legal do impedimento do governo que estava no poder no ano de 2016, não é desarrazoado dizer que a Lava-Jato tem até antes da festa do barão de Coubertin para implodir o sistema político, ou começará a morrer. Terá até a queima inicial da pira para atingir gregos e baianos, troianos e filisteus, fenícios e cartagineses.

A instabilidade e a fragilidade do governo que – mesmo com imensa vontade – não conseguiu parar o trem da operação foram o ambiente mais fértil para a Lava-Jato existir. Paradoxalmente, a Lava-Jato se desenvolveu com mais intensidade quando as forças que controlavam o sistema político estavam mais débeis. Será assim após a queda?

O interesse global será outro.

Que governo manterá polícia livre, Procurador-Geral da República eleito e uma horda de juízes nos seus calcanhares? Se o mal é sistêmico, o que nos autoriza a pensar que os integrantes do sistema deixarão que atirem em todos eles com pomposas balas de prata?

Por estupidez, má-fé ou por se dar o direito de ser inocente, parte maior dos juízes embarca no gosto do reconhecimento popular, e pensando na aceitação pública dos auxílios moradia, gratificações de acúmulo de acervo e auxílio alimentação se esquece de que a maioria pode errar e arrastar o Judiciário para o equívoco.

Não se dão conta de que sua parcialidade nos arrasta para a mais absoluta fragilidade. Só escaparíamos deste dramático evento se não estivéssemos em lado nenhum e numa posição íntegra de imparcialidade. Se a lei for intransigente e imposta a todos sem preocupações com a finalidade, o resultado, o reconhecimento moral ou a aceitação popular, estaremos protegidos.

Se deixarmos de ser árbitros para sermos jogadores, quem vai respeitar o apito?

Despedaçados, enfrentamos abril.

Quando entrar setembro – esperemos – haja boa nova a andar nos campos.

3.8

Juiz neutro e juiz imparcial: a hipocrisia de um mundo

Em outro contexto, Friedrich Nietzsche titulou uma obra com a observação acerca do animalesco, do grotesco e do natural do Homem: "Humano, demasiadamente humano". Vale a intertextualidade para afirmar que o homem jamais será neutro porque ele é, acima de tudo e obviamente, humano por demasia.

Isso faz com que seja assaz difícil defender a neutralidade sem estar pleno de hipocrisia. Sem estar mentindo para os outros ou para si próprio.

Katharina Sobota recupera essa observação meio óbvia para afirmar com os Nietzscheanos que pensamentos são teias que se constroem dando vida autônoma às convicções, e que são mostradas como sendo preexistentes, mas que são criações da própria humanidade.

Nesse sentido e nesse contexto é impossível ser neutro. E diria Agostinho Ramalho Marques Neto que a admissão da neutralidade já é, *per se*, uma posição não neutra.

Somos frutos dos livros que lemos, e daqueles que não lemos. A construção cultural da memória e a formação dos valores que homens e mulheres carregam compõem personalidades que não podem ser superadas por uma objetividade ontológica paralela à identidade dos indivíduos.

Embora a identidade seja um conceito criado, e não essencial ao pertencimento biológico, racial ou mesmo metafísico, são os próprios atos humanos condicionados por tais pressupostos que a definem. São as ações humanas que constroem a identidade, segundo a mesma autora alemã.

Desta maneira, por atos e atitudes, ações ou omissões é que as identidades se constroem, não havendo espaço ou possibilidade para a neutralidade.

O ser humano não é neutro, seus atos não são neutrais e menos ainda os juízes quando julgam são neutros.

Isso por uma razão básica: antes de serem juízes eles já eram seres humanos que se definiam por atitudes, por omissões ou por desconsiderações a determinadas questões, e que se refletem nas suas atitudes e condicionam as suas decisões. Ao julgar, os juízes desvelam o que são de fato.

O discurso da neutralidade é apenas uma falácia protetora das suas próprias opções, conscientes ou inconscientes.

É acolhedor para o julgador pensar e dizer que foram as normas que decidiram a questão, e não ele próprio. A falácia da neutralidade é um escape da responsabilidade por aquilo que se pratica.

Por outro lado, ser imparcial não é apenas uma aspiração, mas uma necessidade, e não tem nada a ver com neutralidade. O juiz que tem interesse direto na condenação ou na absolvição nada mais é do que o reprodutor de valores ou modelos que o aprisionam. Ao ser parcial, o magistrado abandona o lugar de fala do juiz para se tornar um jogador que espera a vitória de um dos lados, negando a modernidade do direito.

É apavorante verificar duas coisas: a primeira é como a narrativa do juiz que se assume não ideológico, técnico e neutro é sempre um discurso autocrático, reprodutor de elitismos e mantenedor de *status quo*. A segunda é que boa parte dos juízes que assim se definem não tem sequer a consciência de que reproduzem um modelo. São ignorantes de si próprios.

No direito penal isso fica mais aberrante quando se usa a cortina protetora do "tecnicismo neutro" para criminalizar a política, manter os indesejáveis distantes dos olhos e encarcerar os destoantes. A alegoria discursiva da neutralidade destina a miséria ao miserável e a riqueza ao rico.

"Eu não tenho ideologia", "eu sou técnico" ou "eu sou neutro" são assertivas que permitem as diferenciações racistas, sexistas, homofóbicas, misóginas e excludentes.

A compreensão dos próprios condicionantes e o respeito à maior de todas as garantias da justiça dos modernos, que é a imparcialidade do julgador, preservariam a magistratura brasileira de um olhar depreciativo no futuro, quando o historiador ou jurista tentar entender por qual razão os juízes foram embora de Berlim na segunda década do terceiro milênio, a mais revoltante de corrupção.

3.9

Lava-jato e *mani pulite*: um só jogo e muitos futuros

Nossa percepção de moralidade não permite, no plano do discurso, que nenhum de nós seja a favor da corrupção. Mesmo assim, alguns a justificam como inevitável – natural, embora nefasta – e outros não percebem, nos atos que praticam, qualquer imoralidade. Há sempre quem se imole na clássica explicação de que os fins justificam os meios.

Muitos reclamam da corrupção dos outros, mas não fariam diferente se tivessem oportunidade. No espaço das suas vidas diárias furam filas, emitem notas fiscais frias, pedem recibo falso de dentista para abater no imposto de renda, dirigem com excesso de velocidade, presenteiam o fiscal do contrato com garrafas de *whisky* e estacionam nas vagas de deficientes ou idosos.

Um bom quinhão de cidadãos é feito daqueles que acham justificável o que fazem, ou convivem tranquilamente com a corrupção, mesmo dela discordando.

Obviamente há diferença entre dirigir a cento e vinte por hora quando o limite de velocidade é oitenta e receber um milhão de reais de propina por ato de ofício. Porém, a questão que ressona é de muita importância: a hipocrisia.

Boa parte dos indignados, na verdade, está revoltada com a crise econômica, com a ingovernabilidade e com a sensação de que alguém se deu bem – ganhando sem trabalhar ou desviando verbas – enquanto ele, o indignado, sofre para pagar as contas no fim do mês.

A corrupção deixa de ser o foco da sua reação. Acaso a economia estivesse boa, ou ele – o reagente – de alguma forma estivesse ganhando, não haveria indignação em altos níveis.

Mas ainda há outra parcela da população. Esta reage apenas contra a corrupção da esquerda e contra os desvios de dinheiro público combinados com programas sociais que distribuem bolsas e estabelecem cotas. São uma parcela dos eleitores vencidos na arena da democracia. Há seletividade na reclamação na medida em que a corrupção de empresários e de políticos de direita não lhes causa tanta dor.

Há, sem dúvida alguma, bispos e torres neste jogo de xadrez que sempre praticaram atos similares, ou da mesma espécie ou diversos, porém igualmente corruptores. Estes indignados no discurso apenas neste momento histórico se dizem revoltados como se a corrupção fosse invenção mundial dos partidos de esquerda. Agem como se o tabuleiro do jogo milenar não contivesse as mesmas peças, em ambos os lados: para cada peão negro, há um branco... E os cavalos existem aos pares, e de ambas as cores.

A lição que vem da Itália merece ser compreendida. Não conhecer o passado gera o risco da repetição dos erros e a má aventurança de um futuro igual ou pior que o presente.

A necessária, aplaudida e sempre desejada "operação mãos limpas" na Itália poderia ter refundado a república. Embora representando alguma correção de rumos, o processo político-judicial levou à ascensão e fortalecimento de grupos controladores do estado com métodos similares ou mais virulentos que os encontrados. A consequência foi a ascensão da corrupção fascista e a imposição, na Itália, de um quadro político de extrema direita com resultados e métodos bastante similares à corrupção previamente existente. Trocou-se Bettino Craxi por Silvio Berlusconi. Manteve-se a corrupção.

Tirou-se o seis – que merecia sair – e entronizou-se o meia dúzia – que não deveria ter chegado. Quem jogava com as pretas passou a jogar com as brancas. Ou vice-versa. E nada mais.

O que existe de mais importante na Operação Lava-Jato – além de punir e afastar do cenário nacional quem comete crime contra o patrimônio público – é o fazimento das bases da política e da legitimação da república.

Refundar os alicerces sobre os quais os administradores, os empresários, os políticos e os cidadãos se relacionam com a coisa pública seria o melhor resultado a ser obtido.

Não é razoável perder a chance de ver isso acontecer por pura limitação do discurso ideológico. Não é lídimo reduzir a importância do momento histórico que vivemos em razão de um olhar partidariamente interessado, ou conduzido pelo interesse pessoal.

A manutenção do erro de visão tornará essa época um momento histórico para ser lembrado no futuro apenas como um xeque-mate político.

Já a exata compreensão da dimensão do tempo presente implicará a recriação do jogo, para que ele dure no tempo e mude a face do Brasil.

Depende da leitura a ser feita. Depende da intenção do leitor.

3.10

Direito Penal: exclusão e liberdade

Para que serve o Direito Penal é uma pergunta sem resposta. Michel Foucault teria um ponto acerca disso e Winfried Hassemer também, e as observações do francês e do alemão não seriam as mesmas. Também não seria coincidente a resposta de outro europeu: Cesare Beccaria, italiano e aristocrata.

No Brasil, Nilo Batista e Roberto Lyra não concordariam com os pontos de vista um do outro e, sem maniqueísmos, talvez seja o caso de concluir que todos estiveram – e ainda estão – errados e certos a uma certa medida.

Precisamos do Direito Penal para excluir, para afastar os indesejados, para manter a dominação sobre corpos e mentes ou para proteger a todos e a nós mesmos?

É necessário punir ou a punição obedece a um roteiro e a um objetivo? Dominar ou libertar? Qual a missão do Direito Penal? Isto, obviamente, longe do discurso justificante e mergulhado na descrição pragmática do objeto factual.

Questões sem respostas que irão permanecer com seus próprios *topoi* para todo o sempre, mas que fornecem caminhos para uma reflexão mais acurada, sobretudo nos tempos que correm.

A cada um dos eventos que chocam a moralidade média a resposta coletiva parece ser mais prisões, mais punições e mais exclusões. Ao seguir o veio natural do rio do pensar brasileiro atualmente, ao se falar de corrupção nada mais acertado do que aplicar punições a mais, pena exacerbada em demasia e exclusão completa do meio social de todos os acusados.

O Direito Penal vem sendo usado como instrumento de ajuste entre o desejo coletivo e a moralidade média. Facilmente isso descamba – e já é visível que isso é assim – para o uso político do Direito Penal. De um instante para o outro a proteção desejada – ou até mesmo a perseguição querida – vira mera ferramenta de controle de uns sobre os outros. É de exclusão política que se passa a tratar. É de uso político do Direito Penal que precisamos tratar no Brasil fraturado daquele mês de abril ano de 2018.

Como viemos de ver no noticiário de hoje e de ontem, e fatalmente veremos no de amanhã, a narrativa dominante é a de que a corrupção justifica o uso do Direito Penal ao ponto de encarcerar e excluir os suspeitos, que passam a ser inimigos políticos, em alguma medida, do Ministério Público e do próprio juiz, que foi alçado a herói.

É possível justificar com Beccaria, com Hassemer ou com Foucault que a parcialidade e os intentos políticos de poucos possam usar o Direito Penal para jogar o jogo da política? Como defender que o desejo e a vontade política, no velho estilo Carl Schmitt, polarizem o discurso do Direito Penal no binômio amigo/inimigo?

Os telejornais e os noticiários, com seus âncoras direcionados para a tese da exclusão do "inimigo", insistem em tom monocórdico no uso do Direito Penal para fins políticos.

Fica claro e evidente que a intenção maior é criminalizar um partido político, se não toda a política, e as instituições que tecem a teia do direito criminal se submetem a intenções políticas. Todos observam, mas parece que o torpor coletivo não nos permite ver o óbvio. Estamos todos sendo levados pelo flautista de Hamelin para a obscura caverna da irracionalidade.

Para os profundos poços dessa caverna vai uma das maiores empresas petrolíferas do mundo.

Parece óbvio ter havido corrupção deplorável e punível, mas a dimensão da acusação, a amplitude das punições e a narrativa política da acusação demonstram-se tão exageradas e inverossímeis que outra coisa não pode ser a não ser o que de fato é: uso político do Direito Penal.

O mundo da energia é a energia que move o mundo; o colonialismo deste começo de século é a velha opressão do centro sobre a periferia. Deveríamos saber disso.

Temos a obrigação de nos lembrarmos da Guerra do Paraguai, da Balaiada, da Inconfidência Mineira, da Cabanagem, da Guerra dos Emboabas, da Revolução Farroupilha.... lembrar de todas as vezes que o mundo da colônia e o mundo da metrópole estiveram em antítese. Nada há de novo no rugir das tempestades, diria Maiakovski.

Desligo a televisão e fecho os jornais lembrando que Mandela foi condenado, foi preso e foi adjetivado de criminoso...

Abro novamente o livro do poeta russo, e leio para lembrar que não é possível que todos seus a juízes tenham ido embora de Berlim:

Fiz ranger as folhas de jornal abrindo-lhes as pálpebras piscantes. E logo

> de cada fronteira distante
> subiu um cheiro de pólvora perseguindo-me até em casa.
> Nestes últimos vinte anos
> nada de novo há
> no rugir das tempestades.
> Não estamos alegres,
> é certo,
> mas também por que razão haveríamos de ficar
> tristes? O mar da história
> é agitado.
> As ameaças
> e as guerras
> havemos de atravessá-las, rompê-las ao meio,
> cortando-as
> como uma quilha corta
> as ondas.

Espero que um dia os juízes retornem, como para Berlim, para dizer que o Poder da metrópole não pode usar do direito criminal de forma tão vil como se vê na televisão que acabo de desligar.

3.11

Acesso aos tribunais: antiguidade *versus* merecimento

O modelo constitucional brasileiro exige que os tribunais de apelação sejam compostos principalmente por juízes de carreira, a partir dos critérios de antiguidade e merecimento, alternadamente.

A razão de ser da alternância é a valorização da longevidade profissional dos magistrados – independentemente da correção individual, da capacidade laboral, da dedicação ou da competência – e o aplauso à operosidade, à qualidade do serviço prestado, à importância do trabalho executado e ao conteúdo do juiz em questão.

Por um critério se faz loas ao tempo de casa, e por outro se valoriza a competência no exercício da causa.

Aproveita-se a experiência de uns, e a reconhecida competência de outros. Mescla-se a potencial ponderação de alguns com a força construtiva de tantos. É uma mescla de ditados: "Roma não se fez em um dia." "Determinação e trabalho árduo erguem cidades".

São critérios complementares.

A Justiça brasileira tem muitas notícias de distorções. Promoções por merecimento imerecidas que ocorrem por relacionamentos fáceis, parentescos justificantes e obediência a critérios nem sempre sustentados no exercício profissional. Ou, o que é mais comum, por critérios de política interna de cada tribunal. Por merecimento também podem chegar os apadrinhados. Os melhores nem sempre se tornam desembargadores nas Cortes.

Da mesma maneira, por antiguidade, por decurso de tempo nos assentos da judicatura, também podem chegar os inoperantes, os incompetentes, os processados criminalmente e os sem compromisso com a Justiça. Ou os que viraram juízes sabem lá os deuses por qual sorte no concurso público. Por antiguidade também podem chegar os piores, pois o único crivo de análise é o tempo.

Alguns juízes vêm à ribalta requerer – no uso do seu absoluto e democrático direito de postulação – que o tribunal afaste o critério constitucional do merecimento e passe a promover juízes ao cargo de desembargador exclusivamente em respeito à fila indiana da antiguidade.

Isto implica exatamente o quê?

De início, significa o desejo de regimentalmente ignorar ou abolir um parâmetro constitucional claro: promoção ao tribunal se dá por antiguidade e por merecimento. Não só por uma. Não só por outro.

Além disso, significa dizer que o tribunal será "melhor" se composto por aqueles que mais cedo entraram na carreira pela porta do concurso, independentemente da competência. Sem constatação de dedicação. Sem preocupação com a qualidade do trabalho prestado. Lá encontrariam ex-advogados e ex-membros do Ministério Público possivelmente jovens e a feição das Cortes mudaria: quinto jovem a conviver com juízes antigos na carreira.

Com o aumento do limite de aposentadoria para 75 anos é fácil projetar que, a se acolher esse critério único, passaríamos a ter Cortes de Apelação mais idosas que os Tribunais Superiores. Chegar-se-ia ao tribunal somente no fim da carreira. Não quando se está no auge da força produtiva, mas quando já se atingiu a fase do acinzentamento dos cabelos e das horas. O tribunal seria a antessala das aposentadorias.

Uma frase antiga precisa ser lembrada: "o tempo do tribunal é o tempo de seus membros". Uma Corte sem a oxigenação dos merecimentos seria arcaica, pois teria a visão de justiça do período de maior força produtiva de seus integrantes: os idos passados. O tempo que corre estaria divorciado do tempo no qual se labora. Resultado: tribunal antigo para tempos modernos.

O erro também existiria caso o critério de antiguidade fosse abolido. O tribunal sem a ponderação dos mais experientes possuiria ebulição em demasia para uma justiça de colmatação de costumes. Tribunal deve ser terreno de ponderação, jamais de arroubos.

Usar um único critério seria útil?

A assunção deste único método de entrada – a antiguidade – também abandona a meritocracia. Não haveria mérito em ser desembargador. Só a constatação da ancianidade profissional. Não se chegaria mais à promoção por ser bom juiz. Chegar-se-ia por ser antigo. Não raro velho.

Há certa qualidade nisso. Afinal, o "O Diabo sabe não por que é sábio. O Diabo sabe por que é velho", diz o ditado.

De fato, há pessoas com tempo de magistratura que são mais jovens que muitos juvenis; têm mais força e dedicação que um sem-número de recém aprovados.

Nos tempos que correm, do que precisamos não é de tribunais que reconheçam a mudança de tempos e a mudança de realidade? Tribunais avançados e encartados num mundo em movimento?

Estamos na era do fim do papel. Estamos no tempo do processo eletrônico.

Além de sábio, precisamos de um tribunal que se modernize e se reinvente, e acompanhe as mudanças de gerações, não é mesmo?

Seria útil a lógica de uma fila indiana por tempo de aprovação em um concurso que se perdeu no tempo?

O que faz crer que o juiz antigo seja melhor que o magistrado novo, ao ponto de excluí-lo do acesso ao tribunal? Merecer mais por estar mais tempo sentado na mesma cadeira? Às vezes trabalhando menos, produzindo menos, possuindo menos compromisso com a carreira e com mais cansaço... Acaso as pedras são mais belas que a areia só porque o tempo as fossilizou e as endureceu? De onde vem a certeza de que o acúmulo de tempo produz melhor jurisdição? Ou não queremos no tribunal os melhores juízes para prestarmos um serviço melhor e, na verdade, desejamos apenas a satisfação pessoal de ser desembargador?

Há direito adquirido a fazer parte de uma corte de apelação, independentemente da qualidade, da competência, da dedicação e do trabalho jurisdicional prestado?

Pensar o sistema, não pensar somente em si próprio. Esse é o caminho.

Isso suscita outra questão: o que move alguns magistrados na busca do fim das disputas por merecimento?

De logo fica fácil ver que alguns já disputaram os tribunais em vagas por merecimento. Tiveram poucos votos – um ou dois – às vezes nenhum.

Se o tribunal não lhes reconheceu o autoconsiderado merecimento, fatalmente entendem eles que aqueles desembargadores, que atribuíram merecimento a outros colegas, foram injustos. Logo, a pensar assim, é tão somente a vaidade que os leva ao reclame do critério. É o não reconhecimento por outros da competência que os próprios insistem que possuem e que desejam ver reconhecida. Nada de propositivo para o serviço jurisdicional. Só vaidade. Não é o império a Justiça. É o império do Narciso, aquele que "acha feio o que não é espelho".

E o pensamento passa a ser o do individualismo: "se o Tribunal não reconhece que eu o mereço, então acabemos com o merecimento, pois a antiguidade ninguém me retirará". Nada de contributivo com o sistema de Justiça. Só rancor pessoal.

Demais disso, a opção pelo critério único da antiguidade traz consigo duas incoerências insuperáveis: uma pessoal e outra institucional.

Vários dos juízes que se manifestam pelo critério único da antiguidade no modelo da fila indiana não são os mais antigos, e fatalmente aceitam convocações para os tribunais – substituindo em férias e exercitando a judicatura em turmas suplementares, em detrimento de outros à sua frente, com mais tempo de casa.

A respeitar o critério que eles próprios entendem deva ser único, as férias e todas as demais convocações para os tribunais deveriam se dar na exclusiva pessoa do juiz mais antigo. Não faz sentido exigir do tribunal um comportamento que o próprio exigente não se dispõe a ter. A valer esse critério, também as substituições nas varas deveriam se dar com observâncias desse mesmo método, e não faria sentido a alternância de substituições por razões desconexas à prestação jurisdicional, como a percepção da GAA (Gratificação de Atividade Ambiental), por exemplo. O juiz substituto mais antigo substitui o colega. E ganha por isso. Não haveria rodízio.

Ou a antiguidade só vale até o limite que beneficia o proponente?

A linha de coerência exige pensar o sistema, e não querer para si o mundo que lhe pareça mais benéfico aos seus próprios anseios.

Há nisso uma profunda incoerência pessoal.

Demais disso, a escolha de desembargadores exclusivamente pelo critério da antiguidade destrói a democracia interna. Eleger os desembargadores da lista – com eleições diretas por toda a magistratura – parece muito mais razoável. Hoje num tribunal de apelação em média 26 elegem a lista. Não seria desarrazoado que 600 elegessem a lista tríplice. Ou que se acabasse com a lista e toda a magistratura votasse na escolha do novel desembargador.

Como defender eleição direta para presidente nos tribunais de apelação e ao mesmo tempo defender o exclusivo critério da antiguidade para composição do próprio tribunal?

Para desembargador, só o mais antigo. Para presidente do tribunal, poderá ser até o mais moderno, desde que ganhe a eleição. Para desembargador, a gerontocracia; para presidente a democracia! A história e a sociologia não nos permitem uma contradição nestes termos.

Contudo, há uma razão para o movimento de imputação da antiguidade contar com o apoio também de juízes substitutos recém ingressados, ou com pouco tempo de casa e extremamente novos. Há uma razão para um juiz no começo ou no meio da carreira desistir de ser reconhecido pelo seu trabalho optando por resignar-se a ser promovido apenas no fim da profissão, nos estertores da vida útil, considerando o tamanho da nossa magistratura atual.

Eles não se sentem representados pelo tribunal a que estão submetidos. Não reconhecem como válidos os critérios usados para a busca do merecimento. Os tribunais cresceram e se distanciaram da base. Paulatinamente afastaram-se dos juízes ao ponto de até mesmo a linguagem os segregar. Conheço poucas expressões de tanto mau gosto quanto "juiz de piso".

Os tribunais se colocam em antítese aos juízes e vice-versa. Distanciamento que gera desconsideração e, não raro, desrespeito e esquecimento. Há uma reatividade da primeira instância à cúpula. E por culpa dos próprios tribunais, penso eu! Também por um choque de gerações. Não jogamos todos no mesmo time. E o quadro tende a piorar com o aumento da data-limite de aposentadoria para 75 anos.

A questão é que a medida proposta, ao invés da resolução dos problemas descritos, promove a radicalização dos equívocos, o aumento do fosso, o isolamento dos tribunais, a eternização do cansaço e a proteção de uns poucos.

Promover a todos por antiguidade transformará o fosso em oceano, queimará as poucas pontes existentes entre a modernidade e o classicismo, entre o presente e o passado.... E matará o futuro.

Precisamos nos aproximar – tribunais e 1ª instância – juízes novos e juízes antigos.

O que precisamos é fixar critérios, corrigir distorções e clarear o procedimento. Objetivar o merecimento é o caminho de recolha dos melhores, dos que venham a ser merecidamente desembargadores. Precisamos saber o que é e o que não é merecimento. Precisamos saber diferenciar claramente quem merece de quem não merece. Isto sim faz sentido. Formar uma fila indiana para que entrem todos – os rejeitáveis e os merecedores, de forma indiferenciada – não faz qualquer sentido.

Igualmente, precisamos de um filtro atuante também na antiguidade. Não é razoável o juiz processado ou investigado virar desembargador. Não é razoável o juiz que não trabalha virar desembargador. Não é razoável o juiz sem mínimo conteúdo chegar ao tribunal. A antiguidade não pode ser a porta da absolvição de todos os pecados. A recusa do mais antigo deve, também, se tornar uma prática cotidiana, se houver motivo fundamentado e justificado.

Além disso, o critério da antiguidade pode, inclusive, ser um dos filtros do merecimento. O modelo do quinto – por meio do qual somente os 20% mais antigos concorrem – não é ruim. Não atinge a Justiça Federal, por decisão do Supremo Tribunal Federal, mas é um método possível de aplicação e da consequente redução de complexidade.

E quais seriam os critérios de merecimento?

Para alguns, estatística e volume: "quem mais julgou merece mais". Porém, que mérito há na quantidade se a qualidade for insuficiente?

Para outros, o conteúdo: "as mais bem fundamentadas decisões com mais conteúdo e qualidade". Mas do que adianta isso, se os processos se acumulam e o caos no acervo reina?

Para uns tantos, os melhores currículos: "quem mais se aperfeiçoou e mais títulos obteve merece mais". Contudo, que adianta juiz cultíssimo e estudioso, reconhecido por todos, mas sem a dedicação ao dia a dia da magistratura?

Há quem veja no exercício único da magistratura o melhor critério: "quem é só juiz e muito se dedica, merece mais". Mesmo que as decisões sejam mal fundamentadas, frágeis, fracas e de reforma necessária, e ainda que a estatística seja baixíssima?

Há quem veja na ponderação e na afabilidade o melhor critério: "relacionar-se muito bem com os pares – de todas as instâncias – e ser respeitado como juiz é o que o faz merecedor". Mas o tribunal seria o prêmio de quem tem postura mesmo sem ter conteúdo e dedicação? Isso não poderia transformar o tribunal num grande sistema de boas relações, cujos resultados seriam alcançados nos limites e nas possibilidades dessas relações? Muito perigoso para um Judiciário que deve atuar de forma republicana.

Há quem veja no reconhecimento por várias instituições a razão de ser do merecimento: "quem ganhou prêmios, foi convocado por Cortes Superiores, ocupou vaga de Magistrado em Tribunais Eleitorais e obteve convocações no próprio Tribunal já provou que merece a promoção". Mas ser juiz auxiliar – mesmo no STF – pode advir de um ato completamente dissociado da capacidade funcional. E vencer prêmios como o *Innovare* pode acontecer por esforço de outros, ou com projeto que não valorize especificamente o serviço de prestação jurisdicional.

Isto dá de pensar que não há critério perfeito, e se faz necessária a combinação de critérios. A clareza, a objetivação e a aproximação da realidade precisam prevalecer.

Não se pode conviver com protecionismos na magistratura. A era dos duques, príncipes e barões já se foi. Vivemos uma república e as escolhas, insisto, devem ser republicanas. Critérios plurais, objetivos, demonstráveis e que permitam um mínimo de subjetividade.

Há republicanismo nisso. Há democracia nisso. Há modernidade nisso.

Embora a intenção dos juízes seja a melhor possível, a escolha pelo modelo da gerontocracia só engessa a Justiça, tornando-a ainda mais aristocrática – portanto injusto enquanto modelo de composição dos tribunais em uma república. Injusto com quem é bom. Injusto com quem trabalha. Injusto com quem faz a diferença.

Precisamos urgentemente objetivar critérios de merecimento, aproximar o tribunal do primeiro grau e construir uma Justiça com meritocracia. Não só por critério de ancianidade e jamais por protecionismos.

A antiguidade deve ter seu lugar. O merecimento também.

O que precisamos é garantir contemporaneidade com impessoalidade; meritocracia com avanço institucional.

Roma não se fez em um dia. Determinação e trabalho árduo erguem cidades.

3.12

O juiz, o segredo e a responsabilidade

Juízes são humanos. Logo, têm medo. Esse medo, porém, deve ser relativo para o correto cumprimento da função, porque o juiz covarde é tão prejudicial à sociedade quanto o juiz inconsequente. É uma função difícil, obviamente, mas equilibrar-se entre a brasa e o gelo, entre o vulcão e a geleira é essencial para toda a sociedade, e o desequilíbrio é a negação da judicatura.

Há princípios que devem ser observados.

Em primeiro lugar, o juiz não deve se submeter ao poder, seja ele do *status quo*, seja ele da mídia dispersa, seja ele da violência difusa. Não deve se submeter nem à força do amor e nem à pressão do ódio. Fácil não é.

Em segundo lugar, não se deve tratar de um juiz interessado no resultado de sua obra. Parcial na sua atuação por ter interesse na causa. Isso não implica neutralidade. A neutralidade é impossível. Eu sou eu em minhas próprias circunstâncias, já dizia Ortega y Gasset.

Em terceiro, deve-se atentar para as consequências de suas decisões, o que corresponde ao abandono das torres de marfim, dos grupos de WhatsApp internos do Judiciário e, consequentemente, da paixão pelos carros pretos e carteiras vermelhas. O mundo é muito maior que o espaço entre a sala de audiências ou sessões e o gabinete.

E há medidas institucionais que podem ser pensadas.

A primeira que me ocorre é a da proteção dos juízes a partir da não exposição do prolator da decisão. A técnica chama-se "juízes sem rosto".

De logo a dificuldade de permitir que alguém deixe de se responsabilizar pelos seus próprios atos e se proteja no anonimato. Há ganhos e há perdas com essa técnica. Ganha-se na proteção pessoal do magistrado e perde-se na inconsequência que pode advir do anonimato.

A segunda que surge no debate é a não divulgação midiática das decisões. Leia-se: o fim da TV Justiça e das transmissões ao vivo de sessões. De certa forma, a popularização das sessões judiciais traz ganhos e perdas. Ganha-se no critério consequencialidade e perde-se no quesito exposição. Há quem diga que as decisões pioraram muito após a transmissão ao vivo de sessões. Não creio que seja assim, mas é um argumento.

Por terceiro, há a limitação do uso de redes sociais por magistrados. A inclusão de juízes no debate público e a divulgação de ideias *on-line*, e participação em polêmicas políticas e ideológicas no mundo da internet. A internet ainda é um mundo sem fronteiras e sem limites, e a participação daquele que decidirá sobre a vida de alguém em meio a confuso debate e máxima exposição com esse mesmo alguém, ou seus algozes ou o público em geral é questionável.

Por quarto, cita-se sempre a estratégia de coibir os debates no segundo e superior grau, e o extraordinário. Cogita-se usar o modelo americano para tornar pública a exposição das partes e a leitura das decisões, mas não os embates teóricos e factuais que conduziram a ela.

Há coisas boas e coisas más nesse raciocínio. Por boa seria o caso de lembrar da leveza e da força de uma argumentação sem o crivo da sociedade que não opera o mesmo sistema. Juízes poderiam ser mais livres para debater, sustentar e justificar seus pontos de vista. Por má seria a sensação ou a ideia de conluio, de acerto e de mácula das próprias decisões. Não há resposta definitiva.

De um todo desse debate, emerge a certeza de que precisamos do binômio responsabilidade social do magistrado e ao mesmo tempo liberdade para decisão.

Magistrados que possam ser ao mesmo tempo livres para decidir sem submissão ao poder, e responsáveis por aquilo que decidem.

Nada é simples.

3.13

O Judiciário combatente: a falácia da pós-modernidade

Qual de nós gostaria de ser julgado pelo general do exército inimigo?

Quem reconheceria virtudes no adversário a ponto de permitir que ele condenasse ou absolvesse, a nós mesmos, de acordo com a reconhecida competência e notável conhecimento técnico do líder inimigo?

Leitores e escritores foram julgados na Idade Média por quem se dedicava à investigação, perseguição e combate à heresia, à apostasia e às ofensas a Deus, todas praticadas através da divulgação das ideias. Sabemos – da história, da filmografia e da literatura – o resultado desta guerra: condenaram-se filósofos, professores, acadêmicos e livres pensadores. Naqueles idos, quem combatia também julgava, mas o fazia sempre – o combate e o julgamento – em nome de Deus.

Aquele que age para investigar, punir e ceifar as práticas objeto de seu diuturno afazer e das quais acusam terceiros terá os olhos atentos à inocência do réu e os ouvidos prontos a escutar seus argumentos de defesa? Respeitará cegamente a lei, mesmo que isso signifique que seu combate elegeu um alvo equivocado? Admitirá a inexistência de provas da acusação, se for o caso? Terá equilíbrio e firmeza para reconhecer excessos se ele próprio conclamar o público a juntar forças consigo no combate ao objeto do processo? Ou a presença no campo de batalha o torna apaixonado pela luta e pela vitória, não permitindo que reconheça atos equivocados de quem acusa e a inexistência de provas de culpa?

Existem batalhas justas, é verdade. Tão justas e corretas que somente ser contra elas já coloca o cidadão na contramão dos valores positivos. A guerra contra a corrupção é uma delas.

Ninguém – a não ser os criminosos – é a favor da corrupção.

Ninguém é contra o combate à corrupção.

Mas vamos nos lembrar que ninguém era contra Deus na Idade Média. A questão não é ser contra ou a favor do combate. É quem deve ter na sociedade moderna a atribuição do combate e quem deve ter a função de julgar os excessos e os erros dos combatentes.

É preciso perceber que uma coisa é ser a favor ou contra a corrupção. Outra coisa é a veracidade de todas as acusações de corrupção e a correção de todas as sentenças condenatórias por corrupção.

Quem combate está apto a perceber a inocência?

Quem combate algo está apto a ser imparcial e reconhecer que este alguém pode não ter praticado o ato do qual é acusado? Ou que deve ser punido, mas para aquém da pena máxima? Ou o desejo de vencer é sempre mais forte – para quem guerreia – do que qualquer senso de imparcialidade ou de reconhecimento de que a acusação é um erro?

O "Judiciário Combatente" – de braços dados com a acusação, em uma cruzada pelo clamor público e pelos valores morais e absorvendo todo o discurso moralista do senso comum – com livre troca de apoios e informações com as forças e com os tarefeiros das acusações é uma realidade. E é um erro.

A ideia de Judiciário da Idade Moderna não se confunde com magistrado que implementa políticas públicas, que combate seja lá que ilícito for, ou que é protagonista de alguma parcela da moralidade. O ato de conclamar o senso comum e a mídia para o combate que o próprio juiz trava e julga não é próprio da modernidade. Não é função do Judiciário moderno. É negar a função do juiz.

A ideia de um Judiciário de combate é uma grande falácia. Um equívoco histórico na medida em que nos afasta do papel do juiz e nos confunde com a acusação. Um erro que nos aproxima de um dos contendores, rompe nossa imparcialidade e nos leva de volta à Idade Média. Esta falácia nos faz abandonar a construção iluminista e moderna de um Poder Judiciário independente, imparcial e afirmativo dos direitos fundamentais e mergulha a todos nos destinos morais de uma nova Inquisição.

3.14

A verdade real e a produção de provas de ofício

O processo penal se deixa guiar pela verdade real, enquanto o processo civil admite a formalidade na construção da veracidade.

Nada mais equivocado. Um ledo engano que apenas permite ficções destrutivas da imparcialidade do juiz, da ampla defesa e do devido processo legal.

Quando o juiz pode determinar a realização de atos probatórios de ofício, em nome da busca da certeza do que terá acontecido no mundo dos fatos, ele invariavelmente assume a parcialidade de uma tese e projeta sua pré-compreensão na instrução processual e, consequentemente, desequilibra a relação processual penal.

É inarredável da condição humana o perguntar com a presunção de uma resposta, Kant já o dizia. A elaboração da pergunta e a busca de uma resposta por meio de atos probatórios determinados sem que a parte os requeira, implica a tomada de postura do magistrado a favor de uma das teses que se digladiam. Geralmente a acusação! Quer queira ou não, o juízo se parcializa e acaba aproximando-se de acusação ou de defesa ao garantir que provas sejam produzidas *sponte propria* do magistrado.

A ficção da existência de uma verdade real conduz ao equívoco de tomarmos o processo penal como ontologicamente diferente do processo civil. Essa presumível diferença é apenas uma falácia discursiva e operativa, que carreia para o magistrado uma posição superior na sustentação dos fatos ocorrentes, e só traz prejuízo ao equilíbrio entre acusação e defesa, mas relações jurídicas processuais penais.

Há outra forma de se conceber o debate no bojo do processo criminal. Basta vê-lo como um embate argumentativo por meio do qual teses de acusação e defesa disputam as correções dos argumentos a partir de premissas que conduzem, através de inferências, a conclusões fundamentadas.

Os fatos necessitam de argumentos que justifiquem as suas ocorrências, pois não há no universo algo que seja ontologicamente conhecível ao ponto de dispensar sobre si qualquer explicação, por mais simples que seja. A argumentação jurídica sobre fatos é que define, através da inferência, a lógica das suas conclusões.

Ao sustentar a ficção da verdade real, o processo penal apenas justifica a produção de provas de ofício e mergulha o magistrado na escolha prévia de uma tese argumentativa sobre fatos, agredindo o devido processo legal – na maioria dos casos – a ampla defesa.

3.15

A casa tomada: argumentações na instauração da ação penal

Júlio Cortázar, o ás de *O jogo da amarelinha*, concebeu a metáfora da invasão lenta e paulatina na vida das pessoas, com a gradual normalização que vai tomando cômodos, e expulsando o antigo ocupante do lugar.

Processo penal é espaço de "guerra de leituras sobre fatos e normas", mas a "casa do processo" vai sendo tomada pela ausência de argumentação e construção de verdades previamente concebidas.

O processo-crime é um embate argumentativo. Argumenta-se em derredor de fatos e argumenta-se acerca de normas. O processo é um diálogo de narrativas, em que uma parte tenta convencer o Juízo de que fatos aconteceram e que esses fatos se devem a atos praticados por alguém. Além disso, a mesma parte que acusa – o Ministério Público, em regra – argumenta no sentido de que esses eventos repetem o que está descrito abstratamente em uma lei prévia e formalmente válida e vigente.

De outra banda, há quem argumente que os fatos não aconteceram, ou que o acusado não concorreu para eles, ou não praticou qualquer conduta. Também é possível que se argumente que a atuação do agente não corresponde à descrição abstrata da norma que o transforma em fato criminoso.

A origem de todo o embate narrativo é a denúncia-crime: uma parte argumenta no sentido de provar sua correção descritiva e a outra, a sua incorreção. Acusação e defesa debatem sobre fatos e normas.

Para que o Judiciário aceite instaurar um processo e alguém sofra o ônus de ver contra si movida uma ação penal, não é somente necessário que a narrativa descrita na denúncia seja coerente. Não se exige apenas a coerência interna do relato, pois é exatamente esta a diferença entre ficção e realidade.

Um bom livro de César Aira tem coerência interna, e o relato fantástico de *Las Noches de Flores* é lógico do começo ao fim, embora descreva a um E. T. que se disfarça de entregador de pizzas nas noites portenhas. A literatura pode ser lógica, mas não se pode cogitar, no Estado Democrático de Direito, que as narrativas literárias conduzam alguém ao cárcere.

Por esta razão, além da coerência e da fixidez da narrativa – fatos claros, fatos específicos, e tudo coerentemente e logicamente narrado –, exige-se da denúncia que dá início à ação penal, que os elementos do mundo fenomênico por ela citados estejam minimamente comprovados.

Quando a norma positiva trata de materialidade certa e indícios suficientes de autoria, ela quer afirmar exatamente isso, pois a leitura constitucionalmente adequada da norma processual penal é a que conduz à necessidade de um mínimo probatório a justificar a veracidade dos fatos que conduzem à possibilidade de autoria e a certeza prévia da materialidade.

A contemporaneidade da interpretação normativa leva, inclusive, à modificação do sentido original da norma, na medida em que ações penais são propostas sem que autor tenha certeza da ocorrência anterior do delito – sem comprovação absoluta da materialidade –, transformando a lógica normativa da certeza prévia do crime em simples demonstração de plausibilidade tanto da autoria quanto da materialidade.

A práxis jurídica inunda o processo penal de ausência de certezas, levando à utilização da plausibilidade acerca dos fatos como juízo inaugural de uma ação penal.

Sendo isso verdadeiro, um elemento a mais se torna necessário para que a literatura não ocupe o espaço da narrativa penal e haja uma essencial diferenciação entre ficção e realidade.

Esse elemento é a justa causa para a ação penal, ou seja, a existência de um mínimo probatório que justifique a conclusão da denúncia e dê arrimo fático à narrativa que tende a inaugurar a ação penal.

A lógica exógena da narrativa factual da acusação – que apenas se preocupa com indícios de autoria e materialidade e, portanto, já não se prende mais à ideia de verdade – precisa estar apoiada num conjunto mínimo de provas que dê a nota de veracidade à narrativa. É exatamente esse conjunto de provas dos fatos narrados que separa ficção de realidade e literatura de direito.

Para dar coerência externa e lógica exógena à narrativa da denúncia o acusador, em regra o Ministério Público, faz referência a provas e a meios utilizados para comprovação do alegado. Há sempre a citação a um depoimento, a uma quantidade de droga, a uma escuta telefônica, a uma colaboração premiada, a papéis apreendidos ou a acordos de leniência. São esses elementos do mundo fenomênico que jogam a função argumentativa de apoio realístico à narrativa da denúncia, dotando-a de vida e afastando-a da literatura.

Se o processo penal contemporâneo, sob a égide de um Estado Democrático de Direito, pugna pelo equilíbrio entre acusação e defesa, e pela legitimação da sanção penal em razão do processo público no qual a pena é aplicada, é inadmissível que a base da argumentação que dá veracidade à narrativa da acusação, dotando-a de justa causa, seja desconhecida do acusado.

Josef K., de *O processo*, de Kafka, não sabia do que estava sendo acusado.

A narrativa com lógica interna permite a alguém ser acusado de algo claro, mas a omissão das razões pelas quais a argumentação pode ser verídica conduz à acusação por literatura, de um evento ficcional, e não real.

Quando o Ministério Público se utiliza de uma colaboração premiada na denúncia para dotá-la de veracidade, ou adjunge um acordo de leniência à sua argumentação para comprovar argumentativamente que os fatos ocorreram, ou faz referência à informação da polícia de que alguém comercializa droga, o apoio do argumento é um elemento fático – uma prova – produzido anteriormente, ao qual ele teve acesso.

Sendo o processo um *locus* de embate argumentativo, é intrínseco ao processo penal contemporâneo que o réu, em sua defesa, tenha acesso ao elemento factual utilizado para dar veracidade ao argumento, haja vista que a justa causa para a ação penal, que é buscada nesse elemento, somente pode ser desconstituída se estiver disponível a todos.

Isso implica o direito subjetivo da parte acusada de ter acesso aos elementos de comprovação da justa causa para a ação penal que estão citados na denúncia, para a elaboração de sua defesa prévia.

Há que se diferenciar elementos que dão fundamento à justa causa da ação penal de elementos de prova a serem produzidos na instrução penal.

O acusador pode não citar informações ou escutas telefônicas na denúncia como apoios para a justa causa da ação penal. Poderá simplesmente deixar que isso seja juntado, debatido e discutido, com argumentação de conteúdo, na fase instrutória do rito penal. Porém, se os utiliza para dar sentido à ação penal, como apoio mesmo da justa causa para o processo, faz-se mister que esses elementos estejam nos autos, e possam ser objeto de argumentações e contra-argumentações.

A Casa da Justiça não pode ser tomada pelo esotérico e autocrático processo de punição, sem que as defesas possam ser exercidas a contento.

Não se trata de defesa somente de quem tem a face conhecida na mídia e nas redes sociais. Cuida-se da defesa de cidadãos anônimos, excluídos ou afastados das lides, que correspondem ao rosto mais invisível do cidadão brasileiro.

Júlio Cortázar é literatura. Processos tomados por maus argumentos são uma realidade.

A Casa não pode ser tomada pela irracionalidade.

3.16

Direito Penal no Brasil e na Itália: uma comparação necessária?

Faculdade de Jurisprudência da Universidade de Estudos de Palermo, situada na Sicília, Itália, antiga Magna Grécia. É uma quinta-feira, começo de junho, quase três da tarde, e as exposições sobre o fenômeno mafioso e as descrições dos institutos jurídicos criados para tratar da *Cosa Nostra* já estão perto do fim.

Quase 40 horas ouvindo professores, procuradores, juízes, policiais e pesquisadores – visitando bancos, Tribunais e sala de julgamento – permitem ter uma ideia do que é a máfia, de onde ela vem, como ela age e o que tem sido feito para que ela se extinga.

Olhando a coluna de homenagens aos juízes que foram mortos, vítimas de atentados, eu pego a xícara de café e me recordo de que esta é a sexta vez que aqui venho. Ao meu lado, o professor que pesquisa o fenômeno mafioso de há muito e que hoje é nosso anfitrião.

Ele me observa e pergunta: – Estás pensativo, Ney?

Sorrio e brinco: – Cansado ... exposições todos os dias pela manhã e pela tarde .... e tem ovinho siciliano à noite.

Ele ri.

Mas o olhar viageiro em frente aos nomes de Giovanni Falcone e Paolo Borselino tem outra razão de ser: o meu pensamento ocupa-se de como utilizar a experiência italiana de combate ao crime organizado para cuidar do fenômeno criminal brasileiro. Como reduzir a violência no Brasil a partir dessa atitude siciliana?

Nós vivemos em um país onde se mata, se encarcera e se morre em quantitativos assustadores. Como pensar no contexto de um país que possui organizações criminosas portentosas, vê o poder do Estado ausente em diversas zonas ao tempo em que se alastra a corrupção?

Vicenzo Militello me entende e compartilha comigo preocupações. Ele sabe que não se pode importar simplesmente um modelo para uma realidade estrutural e culturalmente diversa. Ele bem sabe que a importante metodologia do direto criminal comparado não produz bons resultados em apenas se copiando soluções.

Coloco a xícara de café sobre o balcão e sorrio.

Pensar sobre experiências da humanidade ajuda-nos a entender quem somos e aonde vamos.

Mais um gole de café e refaço ao professor a pergunta que fiz em 2011, ano em que comecei a tratar do fenômeno mafioso aqui mesmo, neste prédio: – Qual o percentual de lojas e de negócios que pagam ainda hoje a prestação regular para a *Cosa Nostra*?

Segundo ele, cerca de 70% dos comércios sicilianos ainda pagam para a máfia, embora a maioria de forma ocasional. A obediência ainda faz parte do dia a dia dos sicilianos. Mesmo com todas as alterações legislativas e com todo o empenho policial, a máfia ainda existe, ainda controla territórios, ainda é forte.

Embora não estejamos mais vivendo o tempo dos atentados e vendo carros-bomba, explosões e homicídios nas estradas e nas ruas, não se pode dizer que a máfia desapareceu. Não é por acaso que ela deriva da expressão árabe *mafia* e significa “aquilo que não existe”.

Em 2011, dizia-se que 92% pagavam prestação regular e que movimentos como o *addio pizzo* eram construção importante. Seguem sendo importantes. Socialmente, resistir à sedução e à opressão da máfia é o mais importante, mas é preciso ter um Estado e uma Polícia com os quais contar.

Temos isso no Brasil? Não creio. O fenômeno das milícias deriva da corrupção das polícias, logo, não parece razoável acreditar na sua própria atuação na busca desse objetivo.

Os italianos modificaram suas leis para criar um sistema específico antimáfia. Fez-se um sistema jurídico autônomo, em paralelo ao modelo geral, numa autêntica imposição de um Direito Penal do inimigo.

Se a *'Ndrangheta*, a *Camorra*, a *Cosa Nostra* e a *Sacra Corona Unita* negam o Estado e tentam colocar-se como substitutivos dele, então os inimigos da legitimidade não podem ter o mesmo tratamento dos que se desviam, mas permanecem reconhecendo o próprio Estado. Os italianos criaram um sistema jurídico paralelo de tratamento do fenômeno mafioso. Bem mais duro, mais abrangente e com o claro objetivo de criminalizar todo o espaço de atuação da organização de tipo mafioso.

A escolha de uma atividade criminosa como deslegitimadora do Estado a ponto de justificar um sistema penal específico é o exercício pronto e acabado do Direito Penal do autor, imposto para punir o inimigo. Ele é claramente estabelecido para tratar com exclusividade o que mais agride a sociedade organizada.

Será o caso de se criar no Brasil um sistema jurídico penal paralelo para as milícias e para as organizações criminosas de tráfico de entorpecentes e assaltos a bancos?

Algumas modificações no direito italiano são relevantes. Participação em associação criminosa de tipo mafioso é um crime diferente do anterior porque aqui se busca punir mais severamente quem se associa a organizações mafiosas. Mais que isso, não é necessário provar o desejo de cometer crimes futuros, mas tão somente o desejo de aderir ao método mafioso.

Italianos explicam que optaram por este delito pelo só fator de que era quase impossível comprovar a adesão a um programa criminoso e, por essa razão, os chefes mafiosos terminavam sempre impunes. Dito de outra forma, a dificuldade probatória gerou a necessidade de tipificar-se um crime paralelo.

Da mesma maneira, permitiu-se o concurso externo de crimes, que deu azo à possibilidade de criminalizar o ato daquele que minimamente auxilia a organização criminosa de tipo mafioso, mesmo cometendo ato neutro.

Criou-se também a agravante de facilitação mafiosa, pela qual se pune mais gravemente quem comete delito para facilitar as operações da *Cosa Nostra* ou *Camorra* ou qualquer das organizações.

Esse trio de modificações no sistema jurídico declaradamente antimáfia foi levado a efeito, após análises de atos mafiosos que escapavam à punição judicial por falta de provas, tipificando, assim, toda e qualquer participação ou contato com essas atividades.

As medidas processuais também foram modificadas de maneira que a indisponibilização e o confisco de bens, assim como as limitações pessoais a indivíduos acusados de delito de máfia, foram simplificadas.

Chegou-se ao ponto de se permitirem bloqueio e perda de patrimônio quando não se pode provar a origem lícita dos bens, numa inversão do ônus da prova.

Há também a prisão perpétua e a impossibilidade de contato não gravado com quem quer que seja dentro do cárcere: sistema de cárcere duro.

Juízes antimáfia e procuradores antimáfia são específicos e especialistas nesse exato assunto, numa luta e em um trabalho que não se confunde com as demais atuações no sistema jurídico geral.

Nada mais autoral e posicionado no sistema jurídico do que isso. Eleito um inimigo e uma atuação como inimiga, passou-se a criminalizar as condutas praticadas por aquele autor escolhido: o mafioso!.

O mafioso siciliano – o "homem de honra da *Cosa Nostra*" – equipara-se ao miliciano do Rio de Janeiro? Podemos ombrear o integrante da *Cosa Nostra* ao membro do PCC? Amigos dos Amigos e Família do Norte são organizações como a *Camorra* ou *Sacra Corona Unita*?

Há diversas pesquisas a serem feitas, comparações jurídicas, análises sociológicas, visualizações de resultados ... muito a saber e a compreender e a pensar antes de simplesmente crer-se que a importação dará resultado.

Não houve ainda sucesso absoluto, pois a máfia existe e é forte.

Eu termino meu café e retomo à sala para a última das exposições. Vicenzo me acompanha e já pensamos no nosso sétimo encontro, para continuarmos pensando.

3.17

Plea bargain: acertos e equívocos da barganha processual penal no Brasil

O acordo entre acusação e defesa, sem a participação do juiz, com a prévia confissão do acusado e a fixação da pena acordada antes da existência de processo judicial, pode ser uma excelente inovação no nosso sistema jurídico.

Mas antes de aceitarmos a importação do *plea bargain* é preciso lembrar que não é a toda hora que um bom *jazz* pode substituir uma roda de samba e não é qualquer *hot-dog* que vale uma boa feijoada. Qualquer mudança no sistema processual penal brasileiro merece atenta observação. O nosso sistema não funciona e reformulá-lo é necessário, mas também é possível piorá-lo.

Mas quais os objetivos dessa proposta? A ideia é encarcerar mais pessoas? O que se quer é prender mais? A intenção é acelerar processos? O que se deseja é mais gente condenada rapidamente? Qual o objetivo?

Imagino que a ideia seja diminuir a morosidade da justiça criminal e racionalizar a atuação do juiz, mantendo o foco do magistrado onde não houver confissão e haja dúvida importante para ser sanada, com a produção de provas, ou também controvérsia relevante a ser resolvida com o embate argumentativo entre quem acusa e quem defende.

Sendo esse o objetivo – acelerar a justiça criminal – é preciso compor o instituto de maneira a que atenda ao objetivo.

O acordo prévio é salutar na medida em que, ao aceitar a confissão, o sistema toma por desnecessária a produção de provas, acelerando a imposição da pena. É razoável pensar assim, pois qual a razão de ser necessário provar o fato se o acusado livremente já confessou?

Porém, para chegar a este resultado algumas questões se impõem e precisam ser respondidas previamente.

De largada é preciso lembrar que um dos graves problemas do instituto nos EUA foi a proliferação de confissões falsas ou forçadas. De certa maneira o instituto serviu para diminuir a atuação de servidores do sistema de justiça, corrompendo a liberdade de negociar do acusado.

É preciso perceber que só faz sentido antecipar a condenação mediante acordo se o acusado possuir um ganho razoável, na medida em que ele provavelmente não aceitará a barganha se ao menos não se livrar de um risco de resultado negativo provável! O inverso somente acontecerá se a confissão e a adesão à barganha não forem absolutamente livres.

O ganho proposto é sempre o de condenar o acusado previamente por uma pena menor sem que ele corra o risco de ser condenado por uma pena maior por fatos mais graves! Antecipa-se o resultado do processo criminal mediante aceitação do acusado de uma consequência menos gravosa do que aquela que ele poderia suportar acaso perdesse a controvérsia e o embate referidos. Por outro lado, será preciso verificar qual a razão da importação do instituto.

Não faz sentido dizer que o *plea bargain* tem por objetivo reduzir a impunidade. Esse discurso agregado não tem nexo, na medida em que não será esse o proveito. Na verdade, em alguns casos, ele aumenta a impunidade para parte dos crimes e garante a certeza de punição por crimes menores. Tomemos o exemplo de um réu acusado de cinco crimes de estelionato. Ao confessar dois deles e aceitar pena média em ambos ele se livra da responsabilidade por mais três ações criminosas praticadas. Há uma troca entre a punibilidade potencial maior pela certeza da punição menor.

Já havendo, no modelo ocidental, o peso indefectível das confissões como elemento de prova da autoria é quase certa a condenação pelo crime mais grave no demorado processo. Desta maneira, o instituto apenas agiliza a condenação por pequenos crimes, ou em penas menores, e deixa impunes os acusados por crimes de difícil comprovação que estariam abençoados pelo acordo entre acusado e Estado.

Visto desta maneira, o *plea bargain* não reduz a impunidade, mas a produz e a oficializa, de certa maneira, contentando-se com punições menores do que a devida.

Analisado com atenção é possível perceber que o preço da velocidade e da certeza da condenação é a redução do espectro de possibilidades de condenação. Portanto, uma impunidade parcial e uma certeza de punibilidade mais reduzida vêm em troca do risco e da incerteza de uma punição completa.

Compreendendo o instituto desta maneira – e com este objetivo – ele é válido, mas não tem por resultado a redução da impunidade, e sim a redução do risco da impunidade total e da absolvição, e a redução parcial da morosidade. O ganho é a velocidade no alcance do resultado, não a redução da impunidade.

Outra questão que surge diz respeito à abrangência do instituto. Em sendo este o objetivo da reforma – celeridade e foco do sistema de Justiça – não há sentido na vedação da inclusão no *plea bargain* de crimes de tráfico de entorpecentes e crimes contra o patrimônio.

Se a proposta não incluir tráfico de entorpecentes – nem mesmo o pequeno tráfico ou o compartilhamento de entorpecentes para uso – e os crimes contra o patrimônio, cerca de 50% dos fatos que geram processos penais que tramitam morosamente no Judiciário estarão fora do alcance do instituto.

Logo, se considerarmos que a outra metade dos fatos não será, em grande medida, objeto da barganha e de acordo, ou porque nada se poderá oferecer ao réu ou porque a acusação não terá interesse na impunidade parcial, chegar-se-á à colusão de que corremos o risco de importar o instituto americano não para propiciar celeridade jurisdicional ou redução da impunidade, mas para garantir o encarceramento por fatos que não gerariam processo criminal e, acaso existentes, caminhariam para a absolvição.

Dito de outra maneira, o que não tramita como processo – pois é objeto de arquivamento pelo Ministério Público – ou o que tramita e é conduzido à absolvição por falta de provas, agora geraria a consequência de uma pena privativa de liberdade. Haveria mais encarceramento, sem redução da impunidade, com aumento de gastos e sem redução da criminalidade.

Não haveria um ganho substancial com a medida.

A aplicação da barganha processual aos fatos que não estão abrangidos, em larga medida, pela rede de punibilidade só se justifica se o objetivo velado do instituto não for a redução da morosidade ou o aumento de foco do juiz, mas sim o desejo de massificação do encarceramento que, ao revés de ser uma das coisas admiráveis do mundo norte-americano, é daquilo que mais a sociedade estadunidense deve se envergonhar.

Usar o acordo prévio ou barganha para encarcerar implicará, numa sociedade desigual como a nossa, um aumento da criminalização da miséria e significação prisional da exclusão econômica e social. Nada indica que reduzirá a violência, e o estudo comparativo indica que tende a aumentá-la.

Uma terceira questão que surge é a da paridade de armas. Lembrando, como já dito, que a nossa sociedade é extremamente desigual, como pensar num contrato em que por um lado temos um promotor de justiça ou procurador da república imensamente qualificado e pelo outro um acusado hipossuficiente?

Uma rápida pesquisa nos EUA permite encontrar vários estudos indicando que o instituto também por isso foi responsável por barganhas açodadas e acordos prejudiciais ao acusado e com cláusulas draconianas, o que permitiu futuras anulações dadas as suas inconsistências. Assim, a participação de advogados e a gravação dos acordos por meio audiovisual são fundamentais.

Fixada a premissa de que o objetivo é a redução da morosidade e a reserva de foco da magistratura, essas questões propostas devem conduzir o raciocínio para a admissão do instituto da barganha processual com amplitude, trava de segurança e objeto que realmente impliquem a busca do objetivo almejado.

Mais ainda, parece evidente que o processo de barganha deve ser admitido em todos os procedimentos penais acerca de todo e qualquer fato criminoso, não se excluindo de seu objeto nenhuma modalidade de crime.

Por outro lado, para que a efetividade do instituto seja concreta, e não mera política de encarceramento em massa, parece razoável que além de atingir quaisquer delitos seja permitida apenas com a fixação de penas alternativas e prisão domiciliar, pelo prazo de até 8 (oito) anos, o que significa a sua aceitação a todos os delitos puníveis – aprioristicamente – mediante encarceramento em regime aberto e semiaberto, que seriam substituídos por prisão domiciliar, recolhimento em casa de albergado, serviços à comunidade, limitações de fim de semana, proibições de exercício de atividades e funções, tudo sem prejuízo do amplo e total ressarcimento, pagamento de danos cíveis e pena de multa.

O acesso à carceragem fechada, que no modelo brasileiro se dá em regra com pena superior a oito anos, continuaria a ser fruto de uma decisão judicial condenatória confirmada em segunda instância.

A inovação então se daria com a possibilidade de fixação prévia de toda e qualquer sanção inferior a oito anos antes mesmo do próprio processo, mediante um acordo entre acusação e defesa, e sua substituição por medidas alternativas fora do cárcere.

O instituto deve ser observado segundo o seu objetivo maior, e pensado a partir de características próprias do modelo judicial brasileiro.

Para que a barganha processual seja eficaz no nosso sistema, parece-me que os réus devam ser acompanhados de advogados, ou de defensores públicos; a barganha deverá ser acessível a todos e em razão do cometimento de quaisquer crimes; o *plea bargain* somente deve impor penas alternativas.

Somente desta maneira poderemos fazer uma reforma relevante com efeitos duradouros.

3.18

Reforma na lei de drogas: descriminalizar o uso e aumentar penas para tráfico

No dia 7 de fevereiro de 2019, a Comissão de Juristas para Reforma e Atualização da Lei de Drogas apresentou ao presidente da Câmara dos Deputados o seu relatório final, propondo significativas alterações na lei vigente.

Em primeiro lugar, é preciso perceber que a existência e a eficácia de leis não resolvem todos os problemas de natureza política, econômica ou social de nenhum país. Leis melhores ajudam as sociedades a encontrar seus melhores caminhos, mas não modificam a direção imposta, quando outros fatores operam em sentido contrário.

Da mesma maneira, como não se resolve a pobreza por decreto, também não se consegue que as pessoas deixem de usar drogas a partir de uma proibição legal. A guerra contra as drogas vem matando mais pessoas que conflitos políticos armados ao redor do mundo e é preciso contabilizar isso. Existem mais mulheres e homens presos no país por usar ou vender drogas do que por matar pessoas. Segundo levantamentos confiáveis, 26% das prisões no Brasil decorrem do tráfico de drogas ilícitas, enquanto apenas 17% delas são em razão de homicídios e latrocínios.

O encarceramento em massa é um movimento que necessita ser observado e sua análise aponta para mais perdas do que ganhos. Temos a terceira população carcerária do mundo e mais de um quarto dos detentos estão presos por vinculações às drogas. Boa parte dos encarcerados são usuários acusados e condenados por tráfico. É preciso modificar a estratégia brasileira de enfrentamento da questão – movimento já realizado por diversos países –, o que pode começar pela compreensão de que o grande vilão não é o adulto que livre e conscientemente usa maconha ou cocaína e leva uma vida normal.

Nem mesmo aquele que comercializa a droga em pequenas quantidades é o grande inimigo da sociedade. O verdadeiro inimigo, nessa seara, é o que mata pela droga, vicia jovens, rouba em razão da droga e a comercializa, obtendo lucros com a tristeza e o sofrimento alheios.

Um dos grandes objetivos do anteprojeto é tornar claro que o usuário não é um criminoso, mas um cidadão capaz que opta por usar drogas de maneira não problemática. O usuário também pode ser alguém que possui um problema de saúde por usá-la de forma problemática ou por ter se tomado dependente.

Em ambos os casos, não é um criminoso.

É fundamental a diferenciação entre usuário e traficante, e uma das estratégias para fazê-lo é descriminalizar o uso em pequenas doses, estabelecendo um critério objetivo.

A opção do anteprojeto foi pela descriminalização do uso de até dez doses de quaisquer drogas, considerando a dose como a quantidade suficiente para um momento de consumo. Acresceu-se, também, atribuição à União para fazer publicar lista especificando a quantidade correspondente a cada dose de qualquer droga. O modelo avança no sentido de converter em lei a tendência de decisão do STF, estabilizando-a. A proposta também prevê norma de transição que estabelece, por exemplo, em um grama a dose de *Cannabis*.

Longe de ser uma opção isolada no mundo ocidental, a descriminalização do uso vem sendo um movimento crescente, tomando a ausência de punição penal ou de tipicidade para o uso de drogas em pequenas quantidades uma realidade, com ótimos resultados. Em diversas legislações, a distinção entre usuário e traficante se dá em razão da quantidade encontrada.

O usuário de drogas, mesmo quando seu uso é problemático, não é visto modernamente como criminoso, mas como um cidadão livre que se utiliza dela de forma controlada ou um dependente em drogas que necessita de cuidados. O uso tende a não ser mais uma questão de polícia ou de cadeia, mas de saúde pública, quando não se tratar de uso controlado.

Isso não resulta nem em liberação de consumo e nem em estímulo, mas em readequação da mira da atuação estatal que deve se concentrar em outro objetivo, que não o de encarcerar usuários.

Demais disso, o anteprojeto também modifica a percepção acerca de qual é o crime mais grave. Na proposta apresentada, o tráfico internacional e o financiamento para o tráfico tiveram suas penas de reclusão elevadas, fiel à perspectiva segundo a qual o que deve estar no foco de punição do Estado não é o uso de drogas *per se*, mas os atos de violência que cercam o tráfico. Ambos os delitos passariam a ser punidos com reclusão de oito a 20 anos.

Não é incoerente manter a ilicitude do comércio, aumentar as penas atribuídas ao crime de tráfico internacional de drogas ilícitas e financiamento ou custeio do tráfico, mesmo descriminalizando o uso.

A coerência interna do projeto, neste ponto, é tão somente não reconhecer como crime o ato de portar drogas e usá-las nas condições de privacidade individual. Adquirir ganhos econômicos com o tráfico e utilizar-se disso como um meio de vida parece ser, neste momento histórico, ainda um ilícito.

A liberação do comércio mediante regulação do Estado, tal e qual definido em outros países, poderia representar um ganho tributário e faria migrar o crime organizado para outro setor, já que não faria sentido que operasse no espaço de licitude.

Porém, não parece crível que o Estado brasileiro seja capaz de suportar uma agência reguladora de drogas, tal e qual se permite pensar em países do Leste europeu ou no Uruguai.

O modelo de descriminalização do uso, em compatibilidade com a primeira parte da lei, faz todo sentido. É fundamental investir na estrutura e nas condições necessárias à efetivação das medidas de redução de danos e de educação para o não uso de drogas e atenção básica para o dependente em drogas. Este é o caminho mais moderno e de maior eficácia para que menos pessoas morram em razão do mau uso, do crime organizado e da guerra contra as drogas.

Para entender melhor quais os resultados da opção levada a efeito pela comissão, talvez fosse o caso, inclusive, de se observar o que vem ocorrendo na Alemanha, em Portugal, no Canadá e até mesmo na Califórnia (Estados Unidos). Isso ajuda a perceber que este caminho, antes de ser equivocado, é o único que nos libertará da verdadeira dependência: a dependência da guerra contra as drogas que mata mais pessoas do que as salva de vícios mal administrados.

3.19

A Democracia na sala: a necessária preservação do Supremo Tribunal Federal

A quem interessa a desestabilização da democracia, com as agressões para além do nível da crítica ao Supremo Tribunal Federal e a seus integrantes?

A quem aproveita o discurso da dissolução do Estado Democrático de Direito, com a ameaça de fechamento do STF?

Antes que a óbvia resposta apareça ao totalitarismo e ao autoritarismo, é preciso verificar que somente em regimes ditatoriais de esquerda ou de direita, fascistas ou comunistas radicais, foi possível pensar e executar agressões dessa natureza, tolhendo a sociedade e o Estado de um dos seus principais mecanismos de freios e controles.

Regimes liberais e regimes social-democratas sempre conviveram muito bem com a autonomia e a liberdade de decisão do Poder Judiciário. Nunca foi – e isto é uma constatação histórica – da natureza de regimes modernos agredir ou extinguir a Justiça.

Por meio da circulação de conteúdo redes sociais e da leitura de veículos de imprensa digital, parte significativa dos cidadãos interessa-se por política, pelo Estado e pelas dinâmicas do poder. Muitos passam a expressar seus pensamentos diariamente, mesmo que suas premissas sejam equivocadas e seus pressupostos sejam obtusos; mesmo que as informações nas quais se baseiam estejam corrompidas e haja direta influência de terceiros na construção dos seus raciocínios.

Quais razões levam parte da sociedade civil e parcela significativa das redes sociais a aderirem à retórica da demonização da cúpula do Judiciário? Que força estranha leva alguns a agredirem verbalmente e publicamente magistrados?

Em primeiro lugar, parece perceptível que a natureza da decisão judicial, tomada em diversos casos, transforma o juiz ou o ministro em um inimigo potencial de alguém. Se a decisão tomada não é aquela que agrada o cidadão, então o magistrado que a proferiu é seu inimigo e deve ter tido razões espúrias para fazê-lo. Esse o pensamento médio das redes sociais.

É a concordância ou a discordância em relação às decisões que conduz parte da sociedade à demonização das Cortes, em especial do STF.

Se o investigado Y permanece preso, então os juízes e ministros que o mantêm nessa situação, tornam-se adversários de parte da sociedade.

Ao revés, se o investigado X é solto, os magistrados que concederam a soltura são inimigos de outros tantos internautas.

No atual estágio da nossa democracia, que se expressa através das redes, todas as críticas são potencializadas e todos os rancores hiperbolizados. No mundo paralelo do espaço virtual o equilíbrio, a tolerância e a racionalidade cedem lugar para a violência, a irracionalidade e a insensatez.

E, não raro, parte desses internautas rompe a barreira das telas de *smartphones* e agridem diretamente, em restaurantes, bares, espaços públicos e aviões, integrantes do Judiciário.

O grau de absurdez chega às raias da loucura e faz lembrar movimentos iguais na Alemanha e na Itália, em um tempo que já não quero lembrar.

Só é possível imaginar uma sociedade equilibrada se nela houver um Poder, com seus órgãos de cúpula, que esteja distante das tensões políticas e ideológicas.

Nem sempre é possível acolher o pensamento da sociedade e das redes sociais em decisões. Afinal, a sociedade é infinitamente mais complexa que o próprio sistema jurídico. A voz das ruas e a voz do povo, assim como a voz de Deus, não são elementos constitutivos da decisão judicial e de sua fundamentação.

O papel do Supremo Tribunal Federal, conforme o perfil que nos dota a Constituição de 1988, não apenas o coloca no espaço de imparcialidade, como de necessária independência frente a qualquer poder, inclusive o do senso comum.

A decisão que se deixa levar pela força – em quaisquer de suas manifestações – é equivocada. As redes sociais e o senso comum são cada vez mais fortes e cada vez mais se constituem em um poder que tenta interferir no Judiciário. A rede social e o senso comum também tendem a corromper a atuação do juiz.

Outra questão muito importante para compreender a atitude de parte das redes sociais de agredir o Judiciário – e neste momento o STF, – diz respeito à desmistificação do lugar de fala do juiz e do ministro, e a perda de peso material de suas próprias decisões.

Em poucos lugares do mundo uma decisão judicial é televisionada para todo o país e seus processos de discussão são acompanhados em tempo real.

A nossa Corte invadiu os lares e as redes sociais de tal maneira que se tomaram assunto de pasquins e *blogs*.

É salutar?

Resolver conflitos entre posições ideológicas suscita rancores e amores. Hiperbolizar esses sentimentos, midiatizando o processo de decisão publicizando rostos e falas, não me parece que contribua para uma sociedade melhor.

Não é assim nas grandes e sólidas democracias do mundo e não acho que a TV Justiça, especificamente no que diz respeito a essa midiatização do processo decisório, contribua para mais democracia.

Se essas parecem ser as causas primárias da reação que se observa, o que deve ser necessário fazer para garantir o equilíbrio democrático que só existe com um Poder Judiciário forte e independente?

Em primeiro lugar, entender que desvios éticos ou criminais não se confundem com *fake news* ou com pensamento adverso.

Não é possível que diuturnamente estejamos propensos a justificar as decisões que nos desagradam usando o artificio das razões escusas e das causas espúrias.

Em segundo lugar, trabalhar para que as redes sociais e a sociedade como um todo entendam que desconstrução de uma instituição, a dissolução de uma garantia e o desfazimento de um regime democrático de direito não conduzirão a todos nós na direção de uma sociedade melhor.

Não será agredindo ministros e magistrados que viveremos a plena democracia e a desejada paz da modernidade.

3.20

"Quem é você que não sabe o que diz?"

O filósofo letão Isaiah Berlin nunca ouviu Noel Rosa, mas utilizando-se de um fragmento do poeta grego Arquíloco, do século VI a.C. lembra que "a raposa conhece muitas coisas. Mas o ouriço conhece muito bem uma única coisa."

Escritores, filósofos e pensadores podem ser divididos entre aqueles que passeiam pelos quatro cantos do mundo, e bordejam as diversidades artísticas, científicas e teóricas; e aqueles que se submetem a uma única regra e a um único fundamento do seu pensar. O fundamentalismo e certas formas de leitura da autorreferência não caracterizam um bom jurista, mas é exatamente o observar sistêmico que faz da Justiça um lugar moderno e coerente, para outros muitos. Dworkin e Luhmann não agasalhariam as compreensões de José Geraldo Sousa Júnior, Roberto Lyra Filho e Edmundo Arruda Júnior.

Construir-se raposa, para se furtar à redução do pensar a um único princípio, a uma só regra, a um só fundamento, era tema de um direito e de uma prática judicial que se opunha à repressão, nos tempos da ditadura.

De indígenas a padres, de livros a sermões e de rios a sertões, os juízes precisariam tornar-se useiros e vezeiros nas manhas de ver o mundo, para bem exercerem o poder judicante. Não seria de suas naturezas fecharem-se nos seus próprios dogmas, nas suas individuais certezas, nos seus exclusivos fundamentos e na própria imagem.

Diz o pensador de Riga, como a falar de um juiz aberto às mudanças do mundo:

Levam vidas, executam atos e nutrem ideias que são centrífugas em vez de centrípetas; seu pensamento é disperso ou difuso, movendo-se em muitos níveis, apoderando-se da essência de uma imensa variedade de experiências e objetos pelo que eles são em si mesmos, sem procurar, consciente ou inconscientemente, ajustá-los a qualquer visão interior unitária, inalterável, abrangente, às vezes contraditória em si mesma e incompleta, às vezes fanática, ou sem procurar excluí-los dessa mesma visão (BERLIN, Isaiah. **O ouriço e a raposa**: ensaio sobre a visão da história em Tolstói. Lisboa: Guerra & Paz, 2020).

Pensamento não muito diferente daquilo que pregava o ítalo/cubano, participante do OuLiPo (*Ouvroir de Littérature Potentielle*), em França. Assim dizia Ítalo Calvino: "A literatura só pode viver se se propõe a objetivos desmesurados, até mesmo para além de suas possibilidades de realização". (CALVINO, Ítalo. **Seis propostas para o próximo milênio.** São Paulo: Companhia das Letras, 1990).

Todo juiz é – ou deveria ser – também um literato.

Celso Lafer, o insuspeito escritor e intelectual, já em 1968, no prefácio à edição brasileira de *Homens em tempos sombrios*, de Hannah Arendt, apontavam a razão das palavras que atentam para o papel do juiz em tempos como esses em que outros juízes e outros integrantes do Ministério Público são apenas ouriços interessados nos espinhos e nos ferimentos à democracia:

Mesmo no tempo mais sombrio temos o direito de esperar alguma iluminação, e que tal iluminação pode bem provir menos das teorias e conceitos e mais da luz incerta, bruxuleante e frequentemente fraca que alguns homens e mulheres nas suas vidas e obras farão brilhar em quase todas as circunstâncias e irradiarão pelo tempo que lhes foi dado na Terra.

Essa é a responsabilidade de todos nós que somos juízes e intelectuais e que observamos com decepção a politização da Justiça e a utilização do Direito Penal para fins pessoais. A crítica é necessária para firmar posição e deixar claro que não se trata só de um corpo nada uniforme de juízes. Não sei se de maioria ou de minoria, mas seguramente uma voz ácida e judicial a se opor ao que a Justiça demonstra ser, através da sua face midiática e de juízes que não sabem coisa alguma da querela simbólica entre o moleiro e o imperador. As palavras podem queimar como brasas, mas são necessárias. Ainda que firam e queimem como ferro em brasa, devem ser ditas.

Importantes, pois, como dizia o sempre eterno José Chagas, "palavra quando acesa / não queima em vão, / deixa uma beleza / posta em seu carvão."

Por esta razão é que, junto com o poeta, insisto, sugerindo a fala para quem cala, fazendo-o como quem sugere a tinta para quem pinta, e sonhando, como quem sugere a cama, para quem ama.

A Justiça não são apenas eles.... há muitos de nós nas trincheiras da democracia. Ninguém larga a mão de ninguém.

3.21

A invasão do sistema político pelo sistema de Justiça

A última fronteira da racionalidade democrática talvez seja a vedação do uso político do processo penal.

A fronteira do republicanismo também é tratar a todos como cidadãos, e não súditos. A razão democrática nos impõe que as contendas políticas sejam resolvidas nas urnas, por meio do voto e do desejo da maioria, e que a mão do Estado não discrimine gregos e baianos, troianos e filisteus.

Ser democraticamente racional implica condenar ou absolver quem quer que seja independentemente do comunismo ou fascismo professado, fazendo-o em razão do ato praticado e do reconhecimento dos elementos objetivos e subjetivos do tipo penal.

Diz-se democrático porque a aplicação do direito construído pela maioria representada pelo Legislativo é uma forma de respeitar o contexto político de uma sociedade. Fala-se em república porque a cada ser humano é um voto, e é titular de direitos como todos os integrantes da sociedade.

Essa mesma racionalidade exige que Judiciário e Ministério Público obedeçam a suas funções constitucionais e não pratiquem atos com o objetivo de melhor pontuar no jogo político.

O binômio amigo x inimigo, construído, dentre outros, por Carl Schmitt, não pode ser usado por instituições e Poderes do Estado sem que isso cause uma ruptura na própria ideia de Estado, democraticamente considerado.

O Ministério Público, como parte que é, pode ter adversários em processos judiciais, mas não pode ter inimigos. O Judiciário, como imparcial que é, não pode ser combatente de nada, mas sim o ente que decide uma contenda.

Rompe-se a barreira da separação funcional entre o sistema político e o sistema jurídico quando os fins políticos passam a ser justificadores de atuações jurídicas. Corrompe-se a república porque um cidadão passa a valer mais que outro.

Quando as condenações e as absolvições são usadas não para realizar o Direito Penal objetivamente considerado, mas como etapa do processo político, já deixamos de ser Estado Democrático de Direito e voltamos a período anterior à modernidade.

Esse desvio de finalidade – ou erro funcional – na atuação das instituições do sistema de Justiça, que por óbvio não deveriam compor o sistema político, também se demonstra pela linguagem.

Sujeitos do embate jurídico professam o mantra maniqueísta do combate à corrupção: ou se é a favor da corrupção ou contra ela. Obviamente, aquele que se prende aos pressupostos do Direito Penal objetivo e não vê crime cometido ou não vê justa causa para uma prisão cautelar, conforme a lógica do discurso maniqueísta, não é um aplicador do direito – é a favor da corrupção.

Da mesma maneira, aquele que pede ou defere uma prisão sem justa causa, movido por sua íntima convicção, é contrário à corrupção, mesmo que pratique um crime para combatê-la, segundo o mantra ideológico por muitos professado.

A linguagem não é neutra, muito ao revés. O uso de terminologias ideologicamente construídas – como o termo combate à corrupção – ocupa um papel central na legitimação pelo senso comum de uma lógica ideológica para o Judiciário e para o Ministério Público que os confundem com a política. É o discurso político invadindo o sistema de Justiça.

E quando o Ministério Público ou o Judiciário deseja ocupar o lugar de fala do Executivo ou do Congresso Nacional? Obviamente o que ocorre é a invasão do espaço político pelo sistema jurídico. Um "senador do MP em cada Estado da Federação" ou uma bancada de "deputados que sejam juízes na Câmara". Isso nada mais é do que uma inversão de valores, uma invasão do jurídico pelo político, uma desconstrução do universo da política e, consequentemente, do próprio Judiciário.

O desejo do sistema jurídico de controlar a política – e fazê-lo após destruí-la – além de antidemocrático, finda por demonstrar a incoerência do próprio discurso.

Como negar um espaço do qual o interlocutor quer fazer parte? Como demonizar a política almejando dela fazer parte? Como rejeitar o espectro político e querer ocupar seu *locus*?

Essas questões desnudam uma realidade: não podemos confundir política com Poder Judiciário; sistema político com sistema de Justiça. Se o fizermos, destruiremos a política e a Justiça, e abriremos as portas para a barbárie institucional e a falência da democracia e do princípio republicano.

Quando a invasão indevida de espaços é levada a cabo pelo Direito Penal ou processual penal, o distanciamento da modernidade é mais latente.

O juiz usará da limitação do direito de ir e vir como instrumento de desejo político, como via de acesso à posição mais favorável no jogo político e ideológico.

A racionalidade do processo penal é a última fronteira porque através da aparente juridicidade de condutas se afastam adversários – ou inimigos – e se joga o jogo da política através da limitação patrimonial e do direito de ir e vir.

Quem ganhou a eleição para o Executivo deve governar; quem se elegeu para o Legislativo deve legislar; quem passou no concurso para ingressar nos quadros da magistratura deve julgar. A cada um aquilo que o espaço democrático lhe atribuiu por meio do desenho institucional fixado pela Constituição da República, de 1988.

Juízes não são legisladores; promotores e procuradores não são senadores; nenhum de nós é o presidente.

A contenção do poder dá-se pelo seu correto exercício, nos exatos termos previstos num Estado Democrático de Direito.

3.22

Democracia e Direito Penal: articulações necessárias

A América Latina só recentemente pôde ser vista como um espaço no mundo onde a democracia, finalmente, triunfou.

Porém, nas terras continentais de Neruda e Machado recentissimamente a democracia, tão juvenil que é, começou a se ver ameaçada por um refluxo que seria inimaginável trinta anos atrás. O excepcional escritor desta parte do mundo, Gabriel García Márquez, nascido em Aracataca, na Colômbia, descreve o ocaso do poder autoritário absoluto a bordo do conto "Os Funerais de Mamãe Grande".

Ali está desenhada uma metáfora dos nossos (des)governos meridianos latinos.

Com muita festa e muitas exéquias, Mamãe Grande esfumaçava-se na sua própria lenda.

A mesma derrocada do poder autoritário presente na narrativa fantástica pode ser substituída pela queda do poder democrático, tão presente no dia a dia da geração *Millennium*.

A democracia dissolve-se em seus próprios pressupostos.

Gabo estava descrevendo o caudilhismo, o militarismo e o patrimonialismo de uma elite crioula; mas poderia estar descrevendo o ideário democrático ameaçado pela própria abertura da sociedade, de braços dados com uma apoteótica visão da força como caminho para a exclusão do diferente que lhe é ameaçador.

Ao revés da eleição, a pena.

Ao invés da democracia, a autoridade do Estado policial.

O Direito Eleitoral cede lugar ao Direito Penal.

Vivemos o tempo do desejo coletivo pelo uso da narrativa do crime e da imposição do castigo. Adversários não devem ser derrotados, mas eliminados. Ou por meio da eliminação física pela força estatal ou pela eliminação da participação, com a segregação imposta pela pena.

Direito Eleitoral, de braços dados com o Direito Penal, vive uma lendária trajetória de substituição da vontade popular pela massificação das punições excludentes. A exclusão política, através do Direito Penal passa a ser pauta judiciária.

Paralelamente, o desejo de encarceramento cresce de braços dados com a insegurança, a crise econômica, o desemprego e a violência.

A consequência não poderia ser outra a não ser a apropriação do medo pelo discurso político e judicial, e o consequente crescimento da onda do populismo penal que atinge o cenário eleitoral e judicial. Conceitos obtusos, sem qualquer solidez dogmática, como o de bandidolatria, saem das telas dos videogames e inundam a prática jurídica.

Neste diapasão, criam-se inimigos: o traficante, o usuário, o favelado, o desempregado, o detentor de mandato eletivo e, não raro, o julgador que aplica regime semiaberto em crime de tráfico, o magistrado que concede *habeas corpus* por não ver cautelaridade na prisão preventiva de acusado de corrupção e o juiz que não expede mandado coletivo e amplo de busca e apreensão na favela. E o que dizer daquele que simplesmente aplica a Lei de Execuções Penais?

A assunção do inimigo social e político dá azo à criação do Direito Penal do inimigo, que pode ter sua gênese encontrada no binômio amigo/inimigo bem descrita por Carl Schmitt. Não preciso lembrar em que período o autor alemão escreveu e qual intelectualidade o recebeu de braços abertos.

Os usos do Direito Penal para a exclusão do outro a partir da compreensão de que sua utilização não passa de uma questão de política criminal – dissociada da ideia de bem jurídico a ser protegido – merece ser vista como um elemento da crise da democracia na América Latina.

O diálogo necessário entre democracia e Direito Penal não passa pela compreensão de que um poder eleito democraticamente pode criar os crimes que desejar, altear as penas como lhe aprouver e fazer uso do Direito Penal em processos políticos como lhe parecer útil.

A democracia que ora se esfumaça na sua própria lenda não é tão somente a tirania da maioria ou a supradeterminação de um poder democrático sobre a racionalidade e sobre o próprio sentido do Direito Penal. Não está na gênese do conceito a supressão de direitos da minoria por ganhos da maioria.

Não parece razoável crer que a democracia esteja ameaçada quando o legislador, o juiz ou o administrador se atém ao bem jurídico a ser tutelado como limite da atuação.

O Direito Penal parece se submeter à necessidade de proteção de um bem jurídico – como pensa Bernd Schünemann – jamais como instrumento manuseado num quadro de exclusão do outro ou de disputas políticas, ou afastamento de demônios populares.

É preciso ter cuidado com o raciocínio de que as travas protetivas do uso amplo e imoderado do Direito Penal ofendem a democracia, na medida em que o conceito, ao menos no tempo presente da modernidade, a tem como limite aos amplos desejos da maioria, protegendo os hipossuficientes embora deva processar a sistematização da vontade coletiva majoritária.

De outra banda, essa mesma vontade de uso do Direito Penal por uma maioria que se instrumentaliza nas redes sociais, construída pela tecnologia, exige ser pensada e analisada com cautela.

A construção da vontade através das redes sociais será tão diferente do coronelismo do voto exercido sob a enxada? Grupos de *WhatsApp* não deveriam ser pensados como o foram as seitas e os currais eleitorais? Essa instrumentalização do ódio e da exclusão como método de escolha não é produto de uns poucos que tutelam, corrompem e conduzem muitos através de redes sociais? E ainda que a criação da vontade seja espontânea, pode a democracia valer-se dos desejos atávicos de muitos para legitimar a barbárie?

Os espaços virtuais podem conduzir mentes a comporem ideias. O quadro imaginado por Orwell construiu-se atrás de smartphones, turbinado por robôs. O mundo é pequeno e muitas mentes são inferiores àquelas que levantavam os braços dos homens na ágora. A praça grega era maior.

Mas talvez nada haja de novo no populismo penal, no ato de ouvir as ruas e na injustiça e na absurdez que das praças podem brotar.

João do Rio, em *A alma encantadora das ruas*, não esqueceu, escrevendo para o século passado, que as ruas são sensíveis e sedutoras, mas também são cruéis e devastadoras.

O risco é o de a democracia esfumaçar-se na sua própria lenda.

3.23

50 anos nesta noite: o populismo penal de sempre

Cinquenta anos se passaram, mas parece que foi ontem. Dito de outra maneira, há muito de plausível na tese de que a História se repete sempre: a primeira vez como tragédia, e a segunda como farsa.

Buscar no senso comum e na reação das massas as respostas e os incentivos para leis penais já deu errado antes. Já foi tragédia e também já foi farsa. Não há nada de novo nisso.

O tempo caminha para frente, mas ideias que de há muito achávamos esquecidas ou ultrapassadas retomam do passado, ou das catacumbas, com ares de novidade e com discursos de normalização do absurdo, ou justificação do grotesco. Ressurgem vendidas como balas de prata para "combaterem o Mal" e entronizam o que nunca deu certo, em nenhum lugar do mundo e em momento algum da História. Na maioria das vezes são sedutoras para a população amedrontada e com desejo de mudanças.

A História é um movimento pendular ou circular, e não um vetor progressivo. E nada há, infelizmente, de novidadeiro na constatação.

Se todos sempre evoluíssemos de uma geração para outra, a humanidade seria perfeita. Se a historiografia das ideias sempre indicasse um caminhar para frente, o mundo não teria terraplanistas, antiglobalistas nem terroristas. Primeiro viria o filho de Aristóteles, depois o neto de Kant e teríamos bisneto de Isaac Newton. Os netos de Einstein seriam bem melhores que o avô. Pena que este caminho evolutivo não condiz com a realidade.

Nem sempre há um acúmulo de boas ideias. Nem todas as pessoas são melhores e mais preparadas que as gerações passadas.

Não é assim. Ledo engano.

Tivemos Darwin e Alexander Fleming, para depois convivermos com Massimiliano Fedriga professando a certeza de que vacinas são fruto de uma conspiração stalinista para o controle populacional. Felizmente ele pegou somente catapora, o que já foi o bastante para fazê-lo mudar de ideia.

A história do pensamento é um avançar e um recuar sem fim. Às vezes avançando para ideias muito ruins, às vezes recuando para ideias melhores.

As barbáries e as barbaridades aparecem também na idade contemporânea.

E com o Direito Penal não seria diferente, e nem o é.

No Brasil violento, no terrível mundo das guerras religiosas ou por petróleo, e ante a proximidade de atentados terroristas na euro-américa, o populismo penal cumpre o papel de apresentar absurdos como se fossem verdades recém-descobertas.

O medo de um mal em si e iminente transmite a falsa ideia de que soluções radicais são sedutoras e aplicáveis, mesmo trazendo mais danos à humanidade do que resultados positivos.

E nem mesmo o pânico é novo. É preciso ver que o medo enfrentado após o 11 de setembro só faz sentido sob um olhar euro-americano. Só há sentido em pensarmos Torres Gêmeas, Atocha e Bataclan sob a nossa ótica de vida, pois em termos globais Ruanda, Bálcãs e a própria Síria já produziram violências maiores.

Então a questão da contenção da violência sem igual não é propriamente de uma verdade insofismável que algum iluminado repentinamente tenha descoberto. Não é uma receita de bolo que só o "novo" possui e nos foi apresentada somente agora. Se fosse, não estaríamos mais em tempos de tragédias.

Em 1969 foi apresentado um novo Código Penal. Ali já se tratava de um claro momento de populismo penal. Com o aumento das taxas de violência, a sociedade já se via mais protegida se a lei cominasse penas severas para crimes mais graves, abandonasse a ideia de ressocialização, dando voz aos desejos de vingança das vítimas, estabelecendo os famigerados trabalhos forçados. Começava um movimento de redução da maioridade penal e de clara segregação econômica e racial, e sempre havia um Amaral Netto para defender a pena de morte.

Felizmente, o Código Penal de 50 anos atrás foi ignorado como projeto e nunca entrou em vigor. Porém, depois disso, nunca mais nos livramos do populismo penal. Discursos inflamados e ofertas diuturnas de respostas vendidas como eficazes para redução das sempre crescentes taxas de homicídios, latrocínios e roubos estão sempre presentes na mídia.

Homicídios em escolas? Façamos uma lei liberando porte de armas e permitindo professores armados nas salas de aula. Crime cometido por preso em saída natalina? Acabemos com o benefício. Uma organização para o tráfico matou um jornalista? Dupliquemos a pena do crime de tráfico de drogas. Um dos envolvidos era menor? Diminuamos a maioridade penal. Estou desempregado? Culpa do auxílio-reclusão, então que venham os trabalhos forçados e se extinga o benefício.

A crise de racionalidade que constrói as verdades virtuais já foi denunciada por Umberto Eco, mas a onda atingiu, infelizmente, juízes e legisladores.

Não é possível ser populista e demagógico no processo de produção das leis penais. É preciso ser estudioso do tema e criterioso nas análises e sistemático nas conclusões.

Aumentar a pena de um crime não reduz a ocorrência do delito, mas pode aumentar a violência; da mesma maneira, reduzi-las não incentiva a criminalidade, mas pode banalizá-la. Penas devem ser pensadas sistemicamente e com proporcionalidade em relação ao fato e a outros delitos.

Se não termos um sistema de ressocialização que funcione, isso não significa que o Estado deva abandonar a obrigação de tentar recuperar o preso. Existem delitos que não se repetem e há personalidades francamente ressocializáveis.

Pena de morte não trouxe bons resultados em lugar nenhum do mundo e o hiperencarceramento apenas segrega a juventude, utilizando-se do discurso da guerra contra as drogas para retirar os indesejáveis de perto.

Trabalhos forçados e tortura não têm nenhuma relação com proteção da sociedade ou com paz social, mas apenas com vingança pessoal ou coletiva.

Mais armas disponíveis, mais pessoas armadas e mais reação das vítimas não trará segurança para a sociedade, só trará mais mortes.

Precisamos urgentemente ter responsabilidade com o discurso penal. Discutir maduramente as opções que nos restam na seara da segurança pública e no tocante à resposta do Estado frente à violência.

Redes sociais inflamadas, populismos de legisladores ou de magistrados não ajudarão na construção de um sistema penal melhor.

3.24

A história do Direito Penal não é a história da punição: pela garantia do contraditório

Há muita falta de compreensão histórica do Direito Penal, quase que associando a sua existência aos mecanismos de punição estabelecidos em determinado tempo e lugar. Para punir somente era necessário possuir a força, e a construção do Direito Penal relaciona-se à pretensão de controlar o exercício dessa força. *A contrario sensu*, a história do Direito Penal é a história do monopólio da punição pelo Estado-Juiz.

Punir é uma das consequências possíveis quando da prática de uma conduta ilícita, mas a punição não pode ser entregue à vítima ou à sociedade difusamente considerada.

Ao se construir historicamente o seu papel no exercício da punição, o Estado se obriga ao exercício da proporcionalidade. Punição moderna é punição estatal e punição proporcional.

Acaso não fosse assim, a consequência dessa inadequação social do Direito Penal seria a absoluta perda de sua eficácia jurídica.

Se demasiada a punição, o Estado-Juiz se toma ilegítimo tirano. Se muito branda, ilegítimo negligente e perde força. Ou seja, ao mesmo tempo que limita a pretensão punitiva estatal, o Direito Penal também impede a formação de meios de autocomposição penal.

A história do processo penal também diverge da sua percepção pelo senso comum teórico dos juristas. Ela não é uma mera evolução epistemológica, cuja aspiração última seria a mais efetiva aferição da "verdade".

Sua evolução histórica, na verdade, traz consigo o desenvolvimento de bases epistemológicas socialmente aceitas, e, portanto, adequadas; e considerada legítima para o fim probatório a delimitação dos meios admitidos pela ordem jurídica.

Adiantaria o emprego do mais refinado método científico em um julgamento por ordálio, cumprindo os "juízos de Deus"?

O processo penal depende da confiança da sociedade na capacidade do Estado-Juiz. O que não pode jamais se desfigurar na confiança no "senhor juiz". Justiça personalista não é exercício de jurisdição moderna, ainda que o intento do magistrado seja bom. Não é de hoje a expressão "Deus me proteja da bondade dos bons, porque na maldade dos maus eu mesmo me protejo".

De toda sorte, uma das bases que se consolidou na evolução do processo é a necessidade de garantir a possibilidade de falseabilidade de provas e de evidências. Isto é, a possibilidade da contradita.

Nulla probatio sine defensione, já diria Luigi Ferrajoli. Da mesma forma, tal garantia encontra-se devidamente positivada no art. 5º, LV, da Constituição de 1988.

Como um todo, a prestação jurisdicional não é genérica, porém adstrita às peculiaridades do caso concreto. *Lex generalis, sententia specialis*. O princípio da individualização da pena está positivado no art. 5º, XLVI da Constituição da República, um corolário da proporcionalidade da punição, sem o qual não se mantém hígido o sistema.

Pode-se ir além. Se a legitimidade da aplicação da pena, averiguada por meio do processo, é vista como finalidade lógica precípua da pretensão punitiva, a materialidade da pena em si não pode ser preterida. Neste mesmo contexto, está a fixação da pena. Mesma disposição e mesma racionalização utilizada quando da formulação do enquadramento típico da conduta, deve ser observado. Dosimetria é parte integrante e indissociável do mérito da ação.

Nos casos de condenação, a fixação do *quantum* da pena – bem como de seu regime de cumprimento –, na sistemática processual penal, prescinde de manifestação das partes, tanto do acusador, quanto do defensor. Seu momento processual é na prolação da sentença, na qual o Juiz, ungido pela liberalidade do artigo 155 do CPP, deverá definir o destino do réu. Ressalte-se, ainda, que a sentença é decisão terminativa, isto é, resolve o mérito da ação, encerrando o processo. Ademais, é atípica a manifestação das partes acerca da fixação de pena, nem mesmo em sede de alegações finais, que precedem a sentença.

Em suma, a inexistência de contraditório, prévio ou diferido, em relação à fixação da pena não é exceção, mas regra no processo penal, inexistindo momento processual típico em que as partes se manifestem.

Não havendo discussão processual acerca da dosimetria nas alegações finais, como estabelecer a dialeticidade constitucionalmente necessária?

Na prática, hoje a discussão se dá em via recursal. E, em geral, em recursos destinados a outro grau de jurisdição. A via dos embargos de declaração é precária, de modo que as partes acabam debatendo a dosimetria apenas em sede de apelação, o que também vale para os embargos infringentes, quando cabíveis.

Deste modo, não existe contraditório em primeiro grau – via de regra – sobre a fixação da pena.

Assim sendo, o contraditório acaba dependendo da mera liberalidade das partes – só incluírem a argumentação nas alegações finais –, ou apenas é plenamente exercido em segundo grau de jurisdição, o que se revela substancialmente problemático.

Primeiramente, é de se notar que a sistemática atual acaba por promover um protagonismo quiçá indesejável do juiz, recaindo-lhe o ônus de decidir *ex officio* parte essencial do mérito do processo. Isto poderia trazer óbices ao sistema acusatório consagrado pela Constituição de 1988, preterindo, sem justificativa razoável, a colaboração das partes para a decisão judicial.

Não é no todo aceitável o argumento teorético segundo o qual o juiz conhece o direito e possui plena e total cognição dos autos – e do mundo – tornando desnecessário o posicionamento das partes.

Em segundo lugar, tal sistemática encontra óbices na própria estrutura judiciária concebida pela Constituição. Isto é, em geral, os tribunais são estruturados como cortes de apelação, incumbidos de revisar as decisões dos juízes.

A devolutividade dos recursos – neste caso o de apelação, que permite uma cognição extensa – pressupõe que a matéria devolvida tenha sido devidamente exaurida na instância *a quo*.

Seria substancialmente difícil tratar a matéria como devidamente apreciada, sem que novamente recaísse sobre o juiz de primeiro grau um ônus de cognição ao apreciar a matéria sem manifestação das partes.

E não se deve esquecer que a apreciação da matéria pelos tribunais também favorece o manejo excessivo de recursos, que por vezes sobrecarregam as instâncias *ad quem*.

Além do mais, tal sistemática seria absolutamente vedada caso se aplicasse subsidiariamente, ao menos nesta questão, o artigo 10 do Código de Processo Civil, que veda, ainda que de ofício, que o juiz decida sobre matéria com base em fundamento a respeito do qual não se tenha dado às partes oportunidade de se manifestar.

Há quem entenda, por isso, que no modelo atualmente adotado, não há benefícios, somente prejuízos: i) perdem as partes, tanto o réu quanto a própria acusação, que têm suas pretensões preteridas da sentença; ii) perde o juiz, que arca com o ônus de um protagonismo desnecessário, incumbindo-lhe maior responsabilidade cognitiva e risco de *error in judicando*; e iii) prejudicam-se o resultado útil e a razoável duração do processo, haja vista o fomento a maior manejo de recursos e a maior dificuldade de apreciação da matéria pelos tribunais.

Outros entendem que a questão não suscita maiores questionamentos na medida em que cabe ao juiz fixar a pena e argumentação sobre a sua relação com os fatos, e, também, porque as partes podem, a todo tempo, discutir e debater acerca da dosimetria.

Inúmeras seriam as formas de se garantir o contraditório pleno à matéria de fixação da pena ainda na instância originária. A sistemática seria simples: i) a acusação, caso requeira a condenação do réu, já poderia pugnar por uma fixação de pena específica, segundo o modelo trifásico; ii) a defesa, ao se deparar com o pedido acusatório, desde já poderia se manifestar acerca da fixação de pena em caso de eventual condenação; e iii) devidamente atento aos fundamentos das partes, nos termos da Lei, deverá o juiz prolatar a sentença, respeitando-se o contraditório e a ampla defesa também no que toca a fixação da pena.

3.25

A sociedade do cansaço: os excessos institucionais num novo paradigma

Estamos todos muito cansados?

O teórico sul-coreano Byung-Chul Han, professor de filosofia da Universidade de Artes de Berlim, jamais escreveu pensando no Brasil, e seus escritos nem foram traduzidos para o português. Ainda menos provável seria ele ter refletido sobre o direito criminal brasileiro, ou sobre o Judiciário do nosso país. Porém, ele acerta em cheio no diagnóstico, e a sua forma de ver a sociedade contemporânea explica muitos fenômenos que presenciamos.

Assim como Bauman nos despiu há vinte anos, Han nos desnuda hoje.

Estamos vivendo uma profunda mudança de paradigmas e mesmo com o Direito Penal do inimigo insuflado como nunca – a barlavento e a sotavento – por nosso Ministério Público e nosso Judiciário, a relação binária do eu *versus* o outro já não explica a totalidade dos movimentos e toda a nossa realidade jurídico-criminal.

A modernidade caracterizou-se por movimentos imunológicos, na alegoria montada pelo autor. Havia sempre o desejo de proteção frente a um inimigo conhecido. Era como se de um lado tivéssemos um organismo e do outro um vírus, e a tarefa de todos nós fosse a defesa contra as agressões, na luta por uma imunização protetiva.

Este paradigma ainda persiste, na medida em que partidos políticos à esquerda e à direita, juízes combatentes e procuradores em cruzadas ainda veem o outro como um vírus, e ainda se sentem na missão política de vacinar a sociedade, para protegê-la desse mal. Há fanatismos correntes e inflamados. Há complexo Marvel e há geração *PlayStation*.

Esta fase viral ainda pode ser vista no dia a dia do Judiciário, onde todo aquele que é citado em uma delação premiada e todo acusado de tráfico de drogas com flagrante lavrado por policiais começam o jogo processual perdendo de quarto a zero: perdem um ponto na polícia, um ponto no Ministério Público, um ponto na opinião pública e um ponto no próprio Judiciário.

Os rótulos de corrupto e de traficante são o bastante para desequilibrarem o jogo. Argumentações pseudojurídicas sem correspondência factual, ou levadas a efeito tendo por base puros chavões midiáticos, são comuns no dia a dia processual.

Parte do movimento judiciário penal se explica desta maneira. Parte disso se sustenta na lógica do "eu contra ele": uma batalha entre o organismo e o vírus que tende a nos destruir.

Han escreve para o universo alemão, se muito para o mundo europeu, onde a igualdade experimenta parâmetros muito mais evoluídos que na América Latina.

Por assim dizer, o seu desenho da contemporaneidade talvez seja mais fiel ao mundo que sustenta seu olhar do que aos olhos negros, mestiços, sofridos e pardos desta parte do mundo.

Se ali se pode dizer que a fase viral da sociedade já se vê substituída pelo tempo do cansaço, aqui se pode observar uma transição mais lenta, ou uma interpolação de paradigmas.

Talvez estejamos vivendo algo próximo daquilo que Kuhn chamou de revolução científica, decorrente de uma ruptura de paradigma.

Nestes tempos incertos estamos, de fato, cansados. Uma parcela da nossa atuação institucional já se explica pelo cansaço.

Somos contemporaneamente levados a agir, a construir e a exercer funções que não são nossas, numa velocidade tal que a liberdade ampla de fazer o que bem entendemos também nos cansa. Cansa porque não temos nenhum limite. Estamos nos tornando uma sociedade de rendimentos, vivendo uma corrida maluca por mais produção, mais informação e mais resultados.

Nossas instituições não negam nada a ninguém, e a liberdade que a base da pirâmide tem de inverter a lógica da parte de cima do sistema, sem receios de negatividade, gera um grau de liberdade que induz ao cansaço.

Instituições repletas de potências positivas, de ausência de negatividade, de perda de controle, extrapolam suas funções constitucionais e liberam a todos para ocuparem mais e mais espaços. Judiciário faz as vezes de Legislativo; Legislativo atua como Executivo; Executivo age como juiz e legislador e o povo reage como censor universal do outro, de cada um e de todas as instituições, independentemente do escrutínio eleitoral democrático.

Nossas instituições estão cansadas de tantas invasões, de tanto heroísmo, de tanta ausência de limites, de tanta falta de negação.

Estamos todos mordendo nosso próprio fígado, porque somos também a águia que bica, até o fim dos tempos. Prometeu acorrentado.

Na feliz alegoria mítica, a autoexploração que as instituições provocam cansam a si próprias e a todos, substituindo a normalidade da atuação necessária, pelo cansaço do excesso.

A pergunta, por enquanto, sobreviverá: estamos cansados?

4

O DIREITO POR DENTRO E POR FORA

semântica do Direito Penal e do Direito Processual Penal na atuação do Poder Judiciário brasileiro

4.1

Ideias de Brancaleone: o assassinato pelo Estado e a negação da modernidade

O sentido da democracia reside na legitimidade da vontade da maioria para indicar quem deve governar. O sentido do Estado de Direito encontra-se na proteção da minoria quando ela é ameaçada, e no cumprimento estrito de regras previamente criadas. A conjugação de ambos constrói o sentido dos Poderes eleitos pela maioria, com seus conflitos dirimidos por quem não se submete ao escrutínio do povo. Todos juntos respeitam a minoria, não obstruem os canais de escolha da vontade pública e preservam as funções e separações institucionais.

Isto é o Estado Democrático de Direito.

Nem a mais cândida das almas ousaria dizer que não estamos num momento de crise, com alguma cizânia mais profunda.

Há crise política, há crise moral, há ruptura de lógicas políticas e há desfazimento de racionalidade. Nada nos protegerá mais do que a sempre diária afirmação das instituições. Nada protegerá mais os pensadores e juristas do que a coerência.

O Estado também é composto de um Judiciário que deve ser criticado, porém respeitado; de um Ministério Público que deve ser atuante, porém responsável; de uma Polícia que deve estar presente, mas obediente à lei; de um Legislativo independente, porém jamais seduzível às negociatas. Todos possuem um papel constitucional e institucional, e é exatamente este papel que precisa ser preservado enquanto o quadro moral e ético se agrava, a crise se aprofunda e ideias contrárias ao Estado Democrático de Direito surgem a torto e a direito.

Há vozes destoantes ocupando lugares de fala dignos do Exército de Brancaleone. Precisamos evitá-las! Há ideias que já fizeram parte de outros discursos, em tempos que nem Cervantes e nem eu queremos lembrar.

Abater pessoas utilizando atiradores é uma destas abstrações aberrantes. Abater cidadãos tidos por criminosos, desde helicópteros ou postos avançados, utilizandose de *snipers* não parecer ser, nem de longe, papel do Estado ou atitude razoável na modernidade.

Parece claro que toda a sociedade quer proteção, e nenhum de nós suporta mais o agravado quadro de violência e mortes que tomou conta de algumas regiões do país. Medidas urgentes precisam ser tomadas.

Todavia, não podemos transformar o Estado em promotor profissional de assassinatos; os policiais em sicários da força pública, abrindo mão da posição ética que os caracteriza, para mergulharmos numa perseguição do inimigo público indicado.

Não podemos responder ao crime com os mesmos métodos e praticando os mesmos atos dos criminosos, pela só razão ética de que isso nos iguala a eles. Se agirmos tal e qual o bandido, a nossa diferença qual será? E isso em tempos de milícias, onde a farda e a força pública já pouco se diferenciam dos demais praticantes de atos ilegais.

Lógico que parte da população pensa em si de forma epidérmica! Pensa em vendeta e raciocina desejando a exclusão pura e simples do outro. Contudo, quando vinganças coletivas ou individuais são estadualizadas morre a diferença entre o Leviatã e os peixes em conflito. Não apenas Rousseau morre, mas Hobbes também.

Isto sem mencionar questões práticas: quem escolhe quem é bandido e deve morrer? O atirador? Isto sem apresentar questões óbvias como: e se o atirador usar sua posição de oráculo da vida e da morte para resolver questões pessoais ou ideológicas? E se ele errar o tiro?

Mesmo em guerra, sob a égide de todos os organismos internacionais e sob a tutela do direito internacional não se admite agressões diretas à população, desta maneira. Estamos em guerra? Talvez estejamos em guerra contra as milícias, contra os traficantes e contra os assaltantes de banco, mas não estamos em guerra contra os favelados, os habitantes dos morros, as famílias de periferia e os excluídos sociais.

O direito abomina o homicídio, e por esta razão não é possível num estado democrático de direito legalizar o homicídio praticado pelo Estado.

Não é dogmaticamente razoável sustentar como legítima defesa abater dos céus, do mar ou da terra nossos concidadãos sob a justificativa de reduzir o crime.

Polícias precisam ser equipadas, precisam ser limpas da bandidagem que as corrompeu em diversos lugares do país. Os efetivos devem aumentar. Zonas de controle de milicianos e de traficantes precisam ser retomadas pelo Estado. O tráfico de armas precisa ser coibido nas fronteiras e dentro das corporações. As ruas devem ser patrulhadas e os criminosos presos.

Não parece ser crível que a gestação do direito de matar o outro persista em pleno século XXI, mesmo que Brancaleone saia das telas do cinema italiano e invada o Brasil dos dias de hoje.

4.2

Quando os lobos são muitos: Direito Penal e redes sociais

As redes sociais transformaram-se em instrumento de uma pseudodemocracia direta. Uma forma de substituir a representatividade, como característica da democracia moderna, por uma inserção direta do usuário das redes sociais nas coisas do Estado e da política.

Poderia ser uma ágora pós-moderna?

Poderia. Mas não é assim.

Há distorções claras.

Em certa medida, agentes políticos bastante pragmáticos perceberam a possibilidade de ocupar o espaço virtual, manietar ideias e pensamentos e criar ondas num sentido desejado, corrompendo não apenas a democracia representativa, mas também as ideias e os homens.

Computadores em centros de controle midiáticos criam humores e amores em uma parcela da sociedade, a partir de mensagens transmitidas por robôs ou por pessoas em núcleos de monitoramento de redes.

Nunca George Orwell esteve tão presente. Nunca a sociedade foi tão controlada, exatamente em razão de seu aparente descontrole.

Parcelas da sociedade tendem a ser vistas como reflexo de toda ela. Na verdade, são reflexos daqueles que geram as ideias, difundem os pensamentos e corrompem as compreensões.

E isso tem repercussão no Direito Penal.

A rede social escolhe o crime que merece rejeição e exige punição severa para seus autores. Quando isso ocorre, a ode pela aplicação de pena supera a preocupação com a existência de provas ou de culpa. Mesmo na inexistência da prova ou da culpa, a pena exigida é desproporcional ao fato.

Os mecanismos de punição das redes de comunicação operam binariamente no sentido de atribuírem um valor negativo ao que ojerizam e um valor positivo ao que acolhem. Esta desproporção em relação a um dado fato, apenas tem por base sua retórica intrínseca ao argumento, ou o seu simbolismo cunhado a partir de valores claramente definidos.

O que conduz à punição não é mais a culpa – conquista da modernidade – e nem mesmo as provas, mas o enquadramento do caso nesse movimento binário de rejeição/aceitação.

Duas questões merecem reflexão.

Em primeiro lugar, são esses movimentos das redes, de fato, demonstração de um sentimento de maioria ou apenas demonstração das ideias de uma minoria que ocupa um espaço tecnológico e faz muito barulho? Em segundo lugar, ainda que esses movimentos das redes sociais sejam reflexo da maioria, será que ela pode tudo no Direito Penal?

Respondendo à primeira questão, parece claro que não existem parâmetros para afirmar que a "voz das redes" é reflexo do que pensa a sociedade sobre um dado fato. Ouvir as redes sociais pode significar ouvir apenas um determinado setor que controla as redes, jamais a sociedade.

Não parece crível a morte da democracia representativa e a supremacia da democracia direta, por meio das redes sociais. Nem temos, no Terceiro Mundo, um grau de inserção digital que implique ampla participação popular nas redes.

Movimento forte, sem dúvida, tanto é que restou impossível discutir democracia sem tratar do papel das redes sociais, mas nem de longe substitutivos dos canais próprios da democracia moderna.

Em segundo lugar, a resposta acerca das possibilidades jurígenas da maioria também precisa ser pensada com cautela.

Digo o porquê.

Imaginemos o caso de uma sociedade de 12 indivíduos, dos quais 2 possuem uma relação homoafetiva.

Imaginemos uma ampla discussão nas redes ou mesmo uma ágora com todos eles a discutir a liberdade de opção sexual. Pensemos em todos reunidos em assembleia, depois do discurso inflamado de um deles e da defesa de ambos os acusados. No momento de decidir, os 10 heterossexuais resolveram que os dois diferentes teriam de morrer.

Esta decisão foi absolutamente majoritária e, a partir de um uso primário do conceito, a decisão foi democrática, na medida em que dela participaram todos os cidadãos de nosso local fictício. Houve procedimento que levou à decisão, e a ordem de execução partiu de uma ampla maioria.

Como o exemplo bem demonstra, a democracia absoluta pode conduzir a uma atrocidade, e à negação da própria racionalidade.

Quando leio e quando ouço expressões como tudo pela democracia, penso sempre em todo o mal que o mundo já experimentou em razão de decisões, julgamentos e compreensões vindos da maioria conduzida.

Isto não quer dizer que a nossa sociedade duodecimal seria mais justa e mais feliz se apenas dois – diferentes ou iguais – resolvessem, com base em alguma lei, escravizar os outros dez, optando sozinhos por suas ideias de justiça e correção. Se algumas regras imemoriais justificassem o direito dos dois líderes hipotéticos de se sobreporem aos dez, até poderíamos ter leis sendo executadas, mas estaríamos ferindo a razão da mesma maneira.

Como fica claro facilmente na simplória leitura do nosso segundo exemplo, o direito também pode comportar um mal.

Estamos sempre entre duas dinâmicas que exercem uma tensão entre si, em movimentos opostos: de um lado o direito, do outro, a vontade direta da maioria. Embora o direito tenha origem na ideia de maioria, posto que as leis são feitas por um Poder democrático, a sua aplicação sempre se dá pelo único dos

Poderes estatais que não é, e nem pode ser democrático: o Judiciário.

Há sempre dois fantasmas que se escondem e estão à espreita do mínimo deslize. Há o fantasma das regras, assim como há o da vontade da maioria. O autoritarismo, que sempre se apoia no Direito, e o totalitarismo, que sempre se justifica na vontade da maioria. Ambos são opressores, ambos sufocam as diferenças, ambos agridem a racionalidade.

Este é o paradoxo de toda compreensão política, ou o paradoxo da democracia como quer a cientista política e filósofa belga, de origem indiana, Chantal Mouffe. O nosso grande desafio é equilibrar esse pêndulo e permitir que o direito possa reduzir a tendência totalitária da democracia, e que a democracia reduza a tendência autoritária do Direito.

Por esta razão, é preocupante ver os exercícios de demonstração da vontade do povo em julgamentos populares que se realizam através da imprensa, ou da internet, e utilizando-se do senso comum. Também pode ser assustador ver a tentativa de encontrar o espírito do povo em manifestações que se autodenominam tribunais populares, ou tribunais da terra, observatório da internet ou algo que o valha. Enquetes populares também se manifestam com a mesma virulência desarrazoada.

As redes sociais são ocupadas por portentosas manifestações de ódio que até podem representar a maioria, mas sempre desbordam para além de seus próprios limites.

Estes julgamentos das redes sociais, construídos para dar vazão aos anseios imediatistas ou perenes da maioria não diferem muito da decisão de soltar Barrabás e condenar Jesus à crucificação, o que parece ter sido injustificável até mesmo para um agnóstico.

Ainda que movida pelas razões certas, as decisões da maioria pelas redes sociais podem sufocar a racionalidade, e deixar de lado as maiores conquistas da modernidade.

Acaso Hitler era um homem apenas, ou trazia consigo todo um país que se deixava caminhar naquela direção? Está claro que suas decisões foram toleradas e aprovadas pela maioria do povo alemão, e isto se constitui em um trauma da modernidade.

Da mesma maneira, Mussolini e Donald Trump também se apoiaram na regra da maioria. Não foi diferente com Juan e Evita Perón e com tantos outros delinquentes estatais.

Isso não quer dizer que devamos permitir a ditadura de poucos autoritários. Quer apenas deixar claro que não é possível submeter o Direito Penal aos desejos da maioria, manifestados através das redes sociais. Esses direitos são caros à ideia de pluralidade, de diferença e de tolerância e não se submetem a eventuais desejos torpes, ainda que sejam a vontade da maioria.

Até posso concordar com o pensamento segundo o qual para o direito nem sempre basta cercar e proteger as ovelhas. Às vezes é preciso gradear a toca dos lobos. O problema é que a modernidade e a racionalidade ainda não conseguiram dizer, com segurança e certeza, quem são os lobos e quem são as ovelhas. E, pior, muitas vezes as ovelhas, todas elas reunidas, tendem a se transformar em lobos sanguinários, ou a utilizar o rótulo de "lobo" para gradearem os pastos de outras ovelhas.

4.3

O tribunal de todos os dias

Em todos os períodos da História, a humanidade conviveu com o excessivo poder de muitos que o exerciam julgando moralmente os demais, punindo-os e impondo-lhes penas, muitas vezes cruéis. Em alguns períodos da nossa marcha da insensatez, todos eles pré-modernos, esses julgamentos morais confundiam moralidade pública com moralidade privada, religião com direito, assuntos privados com questões públicas.

O Tribunal do Santo Ofício julgava com base nas interpretações dos dogmas católicos por parte daqueles que controlava as estruturas da Igreja. Os julgamentos eram religiosos e morais e, portanto, guiados por motivações irracionais e sempre ligadas à fé e ao comportamento humano. Todos aqueles julgamentos tinham um interesse político, e tudo isso sequer era negado. Não havia separação entre direito e religião, entre política e moral, entre espaço público e espaço privado. O jardim e a praça fundiam-se e se confundiam, para desespero de Nelson Saldanha. Muito tempo se passou desde a época em que Tomás de Torquemada aterrorizava as gentes com suas sentenças, porém o século XV parece não estar tão longe assim do nosso cotidiano.

A internet e as narrativas da corrupção e da correção moral estabeleceram no país um novo tribunal: o das redes sociais; uma nova religião: a do combate à corrupção; uns tantos novos pecados: o de ser de esquerda ou ser homoafetivo; uma nova Igreja, sediada em Curitiba e novos Torquemadas: procuradores ou juízes.

Tornou-se herético discordar das suas posições e de suas decisões e criou-se uma nova missa rezada em latim contemporâneo: os *trending topics* do Twitter, citados em inglês e turbinados pelas palavras dos âncoras dos jornais do começo da noite, tudo em meio à imagem do dinheiro público saindo de um ralo de esgoto.

Torquemada vive, e os anos quatrocentistas são agora.

Se é certo que a história se repete primeiro como farsa e depois como tragédia, tanto mais é verdade que vivemos a época dos tribunais das redes, repetindo a tragédia e conferindo veracidade à farsa. Marx parece ter acertado na profecia.

Há poucas semanas caiu-me às mãos uma bela metáfora literária do Michel Laub, explicitando com maestria a crueza dos julgamentos populares, das decisões morais e das condenações açodadas, que se dão de inopino e barbaramente através da hipercomunicação global. Não apenas na quinta-feira, mais em todos os dias, a mídia difusa, mas também a concentrada, encarrega-se de prejulgar, aniquilar moral e politicamente um conjunto de pessoas que partidariamente ou nas franjas professam uma ideologia ou possuem o mesmo conjunto de princípios. Fazem isso sem muito apoio na facticidade e com total colaboração de instituições que deveriam cuidar da Justiça, em sentido amplo, e não dos seus sensos distorcidos de correção.

Tribunais populares libertaram Barrabás, e sabemos quem foi condenado. A turba ignara já havia decidido no Coliseu romano pela morte dos cristãos, e comidos por leões. Nazistas levaram homens e mulheres e crianças às câmaras de gás. Hoje os felinos são outros, o terceiro império é outro e Jesus é uma simbologia de fé. Porém, as mesmas tática e estratégia parecem comumente usadas, como no século XV, como na Alemanha dos anos trinta e metade dos quarenta, como na Roma antiga.... Tudo para aniquilar moral e politicamente qualquer pensamento discordante.

Carlo Ginzburg, em *O queijo e os vermes*, mostra como um moleiro do Friuli, instruído de maneira não corriqueira para a época, pôde ser destroçado pelo Poder que se exercia com o direito de dizer o bem e o mal, durante a Contrarreforma. Será que um torneiro mecânico também não vem sendo destroçado por novos santos inquisidores que fazem as vezes de Torquemadas juvenis, e são igualmente cruéis? Perversos e pervertidos mesmo que lhes falte intelecto, engenho e arte?

E será que o *Tribunal da quinta-feira* não se repete todos os dias da semana para julgar e condenar os discordantes?

As analogias são muitas. As dúvidas são gritantes e a perplexidade não é pouca.

Há todos os dias um julgamento; todas as horas há uma condenação; a cada instante uma pena executada.

O tribunal das redes sociais sequer é de domínio privado, porque exerce uma pressão e é pressionado por imposturas públicas, derrogando de todos nós a modernidade.

Não mais que repentinamente, em matéria de julgamento, de juízes e de tribunais, tudo o que é sólido parece se desmanchar no ar.

4.4

A agonia da tipicidade: a arriscada construção do Judiciário

> "Se fosse resolver, iria te dizer, foi
> minha agonia.
> Se eu tentasse entender, por mais que eu me esforçasse,
> eu não conseguiria."
> (Agonia, Oswaldo Montenegro)

Em uma conhecida passagem de *O conde de Monte Cristo*, Edmond Dantes, que futuramente set ornaria o autoproclamado nobre que dá nome ao livro, declina ao Senhor de Villefort o nome do destinatário da carta remetida por Napoleão. É a sua sentença de prisão perpétua. Não havia crime; não havia processo; não havia pena cominada. Só havia a vontade do julgador.

Costa-Gavras, o mágico grego do cinema, muito tempo depois concebeu o filme *Section Spéciale*. A película imortalizou a crítica ao absurdo de um julgamento acerca de fato passado vir a ser feito com base em lei posterior e punir alguém com a condenação à morte por um acontecido não previsto como crime ao seu tempo. As penas, no roteiro cinematográfico, também foram criadas às vésperas do julgamento. Falava-se de um hiato na modernidade que se referia ao tempo do nazismo. No caso do filme, do momento histórico conhecido como a "França de Vichy", correspondente ao período ocupação alemã durante a II Guerra Mundial.

A Constituição da República, consolidando alcances do tempo presente, especifica os princípios da irretroatividade e da tipicidade, proibindo que qualquer um seja processado, condenado e encarcerado sem lei anterior que defina o crime e sem prévia existência de punição escrita em texto de lei.

Tipicidade e irretroatividade não se confundem, mas se completam.

Mas o que faz com que Alexandre Dumas, Oswaldo Montenegro e Costa-Gavras convirjam para um mesmo contexto e precisem ser lembrados no atual contexto?

De logo a agonia e o medo de que crimes possam, a partir de agora, virem a ser criados não por uma lei própria, mas por aplicação de outra lei acaso existente para cuidar de outro caso e tratar de outro objeto. Não se cuida nem mesmo da advertência do cineasta grego porque nem mesmo lei haveria: nem anterior e nem posterior. Só a vontade do juiz.

Agonia por perceber os riscos de permitir-se que o Judiciário crie a norma incriminadora pelo artifício da analogia, perdendo--se nos riscos sibilinos da similitude de situações.

Um preso perpétuo no *Chateau d'If* pode sair da literatura e caminhar pelas penitenciárias de Pedrinhas ou Bangu pela só razão de um juiz ter entendido que a lei que cuida criminalmente de um fato pode ser aplicada a outro.

E se a tipicidade, ou estrita legalidade, pode ser tergiversada por qual razão que não seja a anterioridade?

Um comunista de Paris no tempo da resistência à ocupação e rejeição ao governo de Vichy poderia correr o risco de ser fuzilado na França e também fugir das telas dos cinemas e ser preso no Brasil, por uma Seção Especial de Justiça que resolvesse aplicar o delito de tráfico de drogas ao consumo de absinto. E haveria artifício retórico a sustentar que 78% de teor alcoólico é pior que alguns gramas de maconha.

Nada de agonia, diriam alguns, já que é extremamente justificada a aplicação da lei que define crimes de racismo à homofobia e a comportamentos reativos à liberdade sexual.

Vive-se o extremo risco de enxergar apenas uma árvore e não a floresta.

Nada mais abjeto do que agredir e reagir à liberdade de quem quer que seja levar sua vida íntima como bem o desejar. Com quem uma cidadã ou um cidadão dorme, como se veste ou como se define não podem ser questões públicas, pois dizem respeito a aspecto tão íntimo de cada um que não deve haver sobre isso pretensão regulatória de terceiros. A não ser, por óbvio, se envolver incapazes. Ofender a liberdade de ser quem desejar merece ser crime; deve ser crime; convém ser crime.

Discutir publicamente a questão deixando claro como a modernidade entende por equivocadas as reações e as fobias a essa dimensão do agir humano é necessário nos tempos que correm, tem seu valor e deve ser feito.

O problema que se põe é de outra ordem. E a argumentação produz outras duas questões necessárias. A primeira é: quem numa democracia moderna define o que é crime? Obviamente o legislador. Crime é matéria de reserva legal e, portanto, cada conduta típica deve ser definida através de um ato formal votado no Parlamento.

Isso possui uma razão de ser: a consideração de que algo é criminoso deve ser fruto da compreensão negativa que a sociedade tem daquele fato. Em teoria, quem representa o povo é o Poder Legislativo e, logo, a ele cabe o estabelecimento do ato abstratamente considerado como algo criminoso.

Pensar no Judiciário ou no Executivo como Poderes definidores de crimes rompe com a divisão tripartite. Também por esta razão o Supremo Tribunal Federal entendeu que Medida Provisória não pode criar fato típico penal.

Em segundo lugar, além de significar uma postura disruptiva do equilíbrio entre forças numa democracia moderna, a necessidade de lei anterior para definir um crime também tem outra razão: responde negativamente ao casuísmo. O contrário – a permissão de que o Judiciário crie fatos típicos – gera um paradoxo.

Manter o paradoxo vale um desenho de Escher.

Se permito a tipificação de um crime por analogia – por um juiz bom e por um motivo justo – como farei para proibir a criminalização de condutas irrelevantes por ato judicial quando o juiz for mau e o motivo espúrio?

Como já disse em outro momento, gradear a toca dos lobos pode ser uma boa medida, mas algumas vezes sói acontecer de ovelhas serem chamadas de lobos para que sejam afastadas do rebanho. Se todas as vezes que alguém nominar algo de lobo, lobo ele se tornar, será um paradoxo defini-lo como ovelha.

A lei restringe. Mas garante.

Pode ser insuficiente, é verdade, mas a sua substituição pela livre vontade do juiz pode trazer muita agonia.

E a antessala da agonia pode ser a festa. Festa dos que se sentirão mais protegidos, porém eles mergulharão num ledo engano. O risco é que ao final da festa a sociedade se veja, repentinamente, de alma completamente vazia.

> "Eu vou pensar que é festa
> Vou dançar, cantar
> É minha garantia
> E vou contagiar diversos corações
> Com minha euforia
> E a amargura e o tempo
> Vão deixar meu corpo
> Minha alma vazia"
> (*Agonia*, Oswaldo Montenegro)

4.5

A jurisdição criminal brasileira: propostas para o milênio

O Judiciário brasileiro atual, que se formou e se consolidou na segunda década do século XXI, tem características bastante diferenciadas da magistratura atuante no final do século XX.

De forte colorido ideológico, o juiz médio da atualidade nega possuir qualquer ideologia e imputa aos demais, que pensam de forma diferente sobre quaisquer questões, a submissão a doutrinas e a obediência a direcionamentos partidários. O magistrado médio define-se como neutro e faz juras de amor eterno à técnica e à isenção. Por mau uso dos conceitos teóricos, ele desconhece que ideologia é o conjunto de pressupostos, compreensões e concepções que definem o modo de pensar e de ser no mundo. Não percebe que é impossível não ter ideologia e que é uma cegueira egocêntrica se imaginar não ideológico – neutro –, imputando o epíteto ao outro que lhe é contrário.

Faz parte da ideologia de certos setores do Judiciário de hoje o moralismo, o punitivismo, o conservadorismo, a intolerância e o desejo de ruptura com regras de igualdade racial, religiosa e sexual, e alguma fobia de compreensões econômicas apoiadas na igualdade. Também há fobias de liberalismo comportamental que sempre fora uma bandeira de compreensões liberais ocidentais, sem qualquer vinculação com o comunismo e muito menos com o marxismo.

Esse aparato ideológico de certos setores do Judiciário cria o juiz legislador, o juiz ativista, o juiz moralista e o juiz iluminado.

Tais perfis têm ocupado de tal modo espaço na sociedade brasileira que o equilíbrio entre os Poderes e a sua salutar divisão encontram-se sensivelmente ameaçados. O juiz de hoje não é mais um árbitro: é um combatente; é um jogador. Não é correto falar na ditadura da toga ou em golpe de toga, mas é fácil observar um ameaçador grau de invasão das decisões judiciais na seara dos Poderes Legislativo e Executivo. Essa hiperbolização do Judiciário vem quase sempre acompanhada de argumentos de superioridade moral e qualidade pessoal do julgador, o que é no todo perigoso, para dizer o mínimo, pois, de fato, é assustador.

Isso claramente se demonstra quando observamos os fundamentos das prisões cautelares. Tais encarceramentos, em sua maioria, são vinculados a conceitos abstratos, à materialidade do crime, à prova do delito e à sua repercussão midiática. São prisões que têm por objetos fatos pretéritos, que de forma alguma poderiam justificar aprisionamento preventivo.

Nesse aspecto, o Judiciário muitas vezes superinterpreta o Direito Processual Penal e reduz a esfera de liberdade do cidadão, tudo a partir de um ativismo criacionista repressor, corroborando teses de legitimação do hiperencarceramento e hipertrofiando a exclusão social, a partir do Direito Penal.

Por diversos fatores que talvez possam ser explicados sociologicamente e psicologicamente, certos juízes criminais da segunda década do século XXI são mais afetos a punições e encarceramentos exagerados do que comprometidos com o respeito aos direitos fundamentais e às garantias do devido processo legal.

Isso em parte se explica quando percebemos estas características como integrantes de um movimento geracional de natureza global, que contempla os desejos de lei e de ordem. Tais desejos acoplam-se à ideia de que mais prisões trazem mais segurança e colocam mais ordem na sociedade.

Demais disso, o crescente gosto pelo ativismo judicial imbrica-se com uma compreensão cada vez mais heroica do papel do juiz na sociedade. É como se coubesse ao magistrado o protagonismo e a liderança na luta contra as mazelas do mundo e também a correção dos males da sociedade. A postura ativista chega às raias do descenso da imparcialidade e se imola num autêntico complexo Marvel, no qual o juiz é tomado pelo desejo de super-herói, pela responsabilidade de guia e líder de todos na busca por melhores dias.

Tudo que um juiz não deve ser e não poderá jamais ser.

Na última década o Judiciário vem sendo colonizado por compreensões acerca do mundo que não são fruto da vivência cotidiana nem possuem origens em quaisquer atividades humanas que permitam compreensão minimamente empírica da vida. A era das virtualidades se impôs, e a compreensão *PlayStation* do universo, por meio da qual tudo é um jogo de videogame, tomou de assalto o Judiciário.

A alegoria do bacharel em Direito que passa as noites e os dias alternando o foco entre resumos pré-fabricados e o *joystick* do videogame – sempre com jogos de tiro em primeira pessoa, que ao passar no concurso com ajuda de um *coach* se vê como um macho alfa – é mais presente do que nunca.

A Justiça criminal se vê repleta de punitivistas com pendores salvacionistas que se utilizam do ativismo judicial para punir mais, condenar mais, desconhecendo o Direito Penal e Processual Penal e os direitos e garantias fundamentais.

Em parte, o que pode ser caracterizado como uma onda é também fruto de um *status* de impunidade, que transformou em fetiche a ampla defesa, ao encobrir atos de total inaplicação ou aplicação seletiva do Direito Penal sob o manto das garantias. A impunidade chegou às raias do absurdo e contribuiu para esta viragem de 180 graus.

Punia-se mal, absolvia-se muito e punia-se seletivamente. Continuamos a punir mal e seguimos sendo seletivos. Os polos se inverteram, mas continuamos a aplicar mal o direito positivo.

Por essas razões, o senso comum dos juízes exige e trabalha pela punição, além do que a mídia dispersa, a mídia concentrada e as redes sociais passaram a não somente valorizar o juiz condenatório como também a desvalorizar e perseguir o magistrado não punitivista. É corrente o estigma negativo de garantista, mesmo que Luigi Ferrajoli nada tenha a ver com as decisões absolutórias por falta de provas ou com o desfazimento de cautelares absurdas. Menos ainda quando o caso é de pura aplicação direta de texto legal.

O frágil juiz passou a seguir as exigências midiáticas e o senso comum, segue encorpando a onda por mais punição e menos absolvição, mesmo que isso signifique prisão sem justa causa e condenação sem provas. A onda gera uma autêntica covardia institucional mesclada com negação do direito positivo.

O caminho a ser seguido parece claro: a) desacoplar o pensamento do juiz criminal do senso comum das redes sociais; b) aplicar o Direito Positivo Penal e Processual Penal independente do desejo da maioria; c) reduzir o ativismo judicial penal aos limites da Constituição; d) reduzir o protagonismo político do juiz e o consequente desequilíbrio entre os Poderes.

A compreensão segundo a qual a atividade judicante precisa se recolher aos limites que a Constituição e o jogo democrático lhe impõem é fundamental para o equilíbrio da sociedade.

Em palavras muito claras, nunca foi tão necessário reverenciar Kelsen.

4.6

Os deuses têm sede ou a punição como necessidade: a encruzilhada da jurisdição criminal

A prisão antes da condenação sempre foi uma realidade no Brasil para as classes menos favorecidas. Crimes de tráfico de entorpecentes e delitos patrimoniais sempre ganharam na jurisprudência tratamento diferenciado quanto à impossibilidade de relaxamento de prisão, ao célebre argumento de que, solto, o acusado poderia voltar a delinquir. Roubos, furtos e latrocínios sempre permitiram o confinamento antecipado. Crimes cometidos pelas classes mais pobres, ditas C e D – geralmente vinculados ao patrimônio e à segurança das classes A e B, mais abastadas – sempre foram fundamento para prisões antecipadas, sob a modalidade de prisão cautelar.

Isso não se observava há bem pouco tempo, quando a acusação era de crime de homicídio eventual cometido por integrantes das classes A e B ou corrupção ativa e passiva, estelionatos, crimes financeiros, contra a ordem tributária, contra o patrimônio público ou de lavagem de dinheiro. Por razões sociológicas, ideológicas ou patrimonialistas em relação à compreensão da função do Direito Penal e do próprio Poder Judiciário, o encarceramento provisório era, e de certa maneira ainda é, contraditoriamente manuseado. Havia, e ainda há, clara seletividade no uso da prisão cautelar.

Paralelamente a isso, a sociedade passou a vivenciar uma crise de segurança mais aguda, que juntamente com a crise financeira tornou a vida da classe média, aqui chamada de B, bem mais difícil. Isto é um dado relevante por ser formadora de opinião por si só, e por arrasto das classes C e D. A classe média juntou-se às classes menos favorecidas ou excluídas na convivência diuturna com o desemprego, as agressões à integridade física e o medo. A violência fugiu da periferia e também invadiu os quintais e varandas do centro, ameaçando a classe mais abastada: a elite econômica. A violência das favelas dos altiplanos desceu para o asfalto com mais desenvoltura e os delitos que faziam parte da realidade periférica agora ameaçam cada vez mais a elite. Esse conjunto de fatores modifica o modo de viver mediano e todos passam a conviver com o medo e a incerteza, como em poucos momentos históricos. Com o medo vem a necessidade de encontrar um culpado ou vários responsáveis.

Um terceiro fator perceptível é a onda de operações, apreensões, prisões e processos atingindo agentes políticos e a cúpula empresarial nacional. As megaoperações realizadas pelo Estado para combater delitos de corrupção ou crimes do colarinho branco causam uma sensação de poder, quase uma catarse, no cidadão, fazendo-o acreditar que a lei finalmente se aplica a todos e a seletividade punitiva cessa. Isso veio atrelado a uma ojeriza aos agentes políticos, negação da política como atividade necessária e reação contra movimentos, ideias ou partidos e até direitos identificados com a esquerda, em qualquer de suas versões. É possível ver, também, uma clara parcialidade ideológica de setores da magistratura e do Ministério Público que já de há muito quebraram o cálice da isonomia no tratamento das partes e da imparcialidade na decisão de questões, pois se deixaram levar pelo fervor ideológico punitivista e passaram a se ver como combatentes.

O quarto elemento constitutivo da predisposição para a punibilidade como movimento da magistratura tem sido a campanha dos meios de comunicação e das redes sociais em apologia ao avanço da luta contra a corrupção, o fim da impunidade e a punição dos pretensos culpados. Observa-se em tudo um forte conteúdo ideológico repressor, claramente presente na mídia, com identificação manifesta de um rol de culpados prévios. Vislumbra-se uma atuação da imprensa politicamente interessada, com informações parciais e mensagens subliminares e até explícitas criminalizando opiniões e condutas específicas, e protegendo os que lhe são ideologicamente próximos.

O movimento identifica a política e a esquerda como algozes dos "homens de bem", conceito etéreo, ideologicamente preenchido e semanticamente instrumental. Essa onda se vê insuflada pela sociedade das redes sociais e das manifestações organizadas ou desorganizadas, através da internet. Construiu-se, não aleatoriamente, as imagens a partir de pretensas conexões "necessárias" entre "política –> crime" e também "corrupção –> esquerda".

Sentindo-se no país da impunidade, em recessão, suportando uma perspectiva de violência física sem antecedentes, o cidadão comum se vê tragado pela onda do combate ao crime e imerso na campanha da punição para todos os identificados antecipadamente como culpados. A população se vê partícipe do processo de construção de um país melhor e adere ao punitivismo sem refletir sobre ele, vendo o movimento sob a perspectiva da luta do bem contra o mal, como é próprio das massas, e observando o mundo em que vive através da lente do simplório maniqueísmo. A ignorância analítica e a simplicidade do pensar se tomam dominantes.

As consequências mais latentes disso, dentre outras, são duas: a doutrina do homem de bem e a rejeição dos direitos humanos.

O homem médio e, consequentemente, o juiz médio se encastela na sua autorreferência e se vê como alguém bem-intencionado, no lado certo da luta, virtuoso e agredido pelos homens maus, que merecem ser punidos para salvação dos homens de bem. Esse exemplo de cidadão paradigmático sonega ICMS, usa nota fiscal fria, registra valor do imóvel a menor para pagar menos imposto, fura fila de banco, estaciona em vaga de deficiente, não titubeia em solicitar e aceitar benefícios públicos injustificáveis, mas vê a si mesmo como um ser virtuoso. Apoia a luta contra a corrupção e se vê combatente contra todo o mal. O "efeito manada", já debatido em outro momento, dá os braços à hipocrisia e domina a blogosfera.

A doutrina do homem de bem separa os que são bons daqueles que são maus, e os bons seremos "eu e os que parecem comigo", todos juntos de braços dados com a mídia e as redes sociais em defesa do bem maior. É o chamado "universo umbigo", bem descrito pela banda paulistana Karnak.

Abre-se espaço para o moralismo, o racismo, o fascismo, a homofobia, o xenofobismo, a esquerdofobia e a reação ao outro que lhe é diferente. O outro é o mal; eu sou o bem; o outro é o erro e eu sou o acerto. E este pensamento se vê turbinado pelo discurso da isenção que se opõe ao partidarismo. "A minha ideia é isenta e imparcial. A ideia do outro é partidária e equivocada".

Não há nem tolerância nem diálogo democrático com respeito às diferenças.

Alguns mais exaltados – e menos analíticos, observadores ou dados a raciocínios apurados – passam a flertar com autoritarismo, ditadura, extermínio e barbárie. Não conhecem a História e não refletem sobre experiências humanas anteriores. É a origem do Direito Penal do autor. É o fim de um mínimo de fraternidade, liberdade e igualdade. É o retomo atávico à pré-modernidade.

Os deuses têm sede, como pontuou Anatole France.

A outra consequência – a rejeição dos direitos humanos – é irracional, na medida em que a só possibilidade de se expressar dessa maneira já pressupõe o direito à liberdade e só existe em razão de um feixe de direitos. O fundamento cautelar da prisão, a ampla defesa, o acoplamento prova-condenação, a cadeia recursal e a liberdade como fundamento passam a ser tomadas como impeditivas da verdadeira justiça e da proteção dos homens de bem. As execuções sumárias pela polícia, as manutenções de encarceramentos contrários à lei e as negativas de benefícios previstos na Lei de Execuções Penais são vistas como atos corretos e necessários. Aplicar a lei passa a ser um ato criminosamente equivocado. Neste momento, o direito passa a ser um estorvo para a realização dos bons propósitos.

Cumprir a lei quando um homem mau é o réu passa a ser um desrespeito aos homens de bem.

A mídia organizada e desorganizada opera não para reforçar os pilares da racionalidade, mas para potencializar a opção pela barbárie, em busca de atenção e de audiência. Essa atitude movida também por objetivos políticos aumenta o clima de exceção às leis, de negativa da legalidade e de oposição à modernidade.

É nesse instante em que a moralidade invade o direito moderno, que Kafka ressurge do túmulo e o fantasma de Goebbels aparece das catacumbas da História. É nesse momento que nos encontramos. Numa crise de modernidade; num vazio de racionalidade.

Refletir sobre isso e propor superações para a jurisdição criminal brasileira é o caminho mais responsável para uma magistratura que se pensa moderna.

4.7

Argumentação sobre provas: a constitucionalidade do juízo criminal

O Estado constitucional legitima e organiza seus três Poderes a partir de um conjunto de deveres e faculdades aos quais se submetem todos aqueles que cumprem funções públicas de exercício de poder.

Exercer a magistratura não é caminhar no mundo julgando atos alheios sendo guiado pela própria compreensão de moralidade, de ética, de política ou de religião. Também não é ouvir a voz das ruas – que, como afirmava João do Rio, pode ser cruel –, e sim palmilhar nos limites do que está constitucionalmente definido. Ser juiz é submeter-se aos deveres impostos pela Constituição e exercer as faculdades que o mesmo pacto político oferece.

A legitimidade do Judiciário é diferente das legitimidades do Executivo e do Legislativo exatamente porque ela não pode ser redutível ao desejo da maioria ou ao desejo das urnas.

Menos ainda o juiz deve ceder ao apelo popular.

A legitimidade e a razão de ser do Judiciário são todas elas constitucionais. Sua garantia vem do que foi pactuado na sociedade entre diferentes e iguais: maioria e minoria.

Isso implica a necessidade de o juiz fundamentar suas decisões argumentando e justificando os raciocínios e as opções de escolha jurídica no momento em que decide. O dever de motivação, argumentação e justificação das escolhas é não apenas determinação constitucional, mas razão de ser do próprio magistrado. E quando está em causa a matéria penal, mais relevante se torna a questão porque é preciso demonstrar em razão de quais motivos determinantes o réu é culpado e em que medida ele merece suportar a reprimenda imposta.

Também por imperativo constitucional o estado de base do processo penal é a inocência. Ainda que clamores públicos ou desejos morais ou objetivos políticos tomem o réu como presumivelmente culpado, a presunção de não culpabilidade é dogma do pacto político e imposição constitucional.

Dessa maneira, ao aplicar a pena, o juiz precisa argumentar claramente a ruptura dessa presunção, uma vez que a regra dos estados constitucionais é a liberdade e não o cárcere.

A obrigação de fundamentar a decisão, demonstrando de que forma o raciocínio jurídico conduziu ao resultado apresentado – a pena imposta – não se resume ao enquadramento jurídico, mas antes de tudo e, principalmente, há os fatos.

É preciso analisar as provas e justificar em razão de quais itens probatórios chegou-se à consequência jurídica condenatória.

Em outros termos, é necessário argumentar para justificar a existência do fato "F", que se transforma em fato provado, e explicar em razão de que *topos* se entendeu que este fato acarreta a prova "P", que racionalmente prova o fato "G", que é típico. Somente depois desse exercício de argumentação sobre fatos é que se vai construir a argumentação jurídica *stricto sensu*, ou propriamente dita.

Argumentação jurídica sobre fatos no processo penal – e a consequente justificação da prova de atos praticados que serão a base da argumentação jurídica para subsunção da consequência punitiva – é um capítulo da dogmática pouco explorado e até mesmo negado pela jurisdição criminal.

Na despedaçada segunda década do século XXI – quando ganhos extremamente importantes na seara da inibição de crimes foram ombreados aos voluntarismos heroicos, aos moralismos irracionais e aos punitivismos medievais – argumentar sobre a prova virou capítulo esquecido, já que a presunção de algo como provado passou a ser mais forte do que a racionalidade da argumentação, que leva um fato específico a provar um fato criminoso.

Explico:

Se "A" é negro, mora no morro, foi abordado na favela às três horas da manhã e está armado, logo é traficante ou assaltante.

Se houve um assalto no asfalto às duas da manhã; se alguém foi preso com droga às três e meia, logo "A" é o assaltante ou o traficante.

No exemplo citado – fatos reais de um processo penal com sentença condenatória –, a argumentação por presunção está carregada de pressupostos e pré-compreensões que induzem a uma consequência que não é fruto de argumentação sobre fatos e nem resiste a uma análise do seu contexto de justificação.

O local de moradia, a cor da pele – embora não declarada explicitamente –, o porte ilegal de arma e o horário da abordagem jogam a função de justificativas não a partir de uma relação de causa e efeito, mas desde os preconceitos e compreensões morais do julgador.

O contexto de descoberta deixaria claro que a decisão é facilmente justificável para um juiz de classe média, branco, atraído para a magistratura por um salário superior a trinta mil reais, que não conhece a favela ou o mundo dos morros e a violência urbana e tende a utilizar suas pré-compreensões como elementos de definição da sua própria argumentação.

De outra banda é possível ver a condenação por corrupção passiva no caso de "Y", servidor público que determina uma ordem de pagamento para a empresa "Z", a vista de uma medição "M", quando: **a)** a medição "M" era fraudulenta e os serviços não foram executados; **b)** a empresa "Z" e o proprietário "P" respondem a vários processos da mesma natureza.

A compreensão de que somos o país da corrupção e de que todo funcionário público – ou político – é necessariamente bandido faz com que o fato "M" praticado em benefício da empresa "Z" do proprietário "P" seja imediatamente atribuído, em coautoria ou conluio, ao servidor "Y".

A justificativa, ou o seu arremedo, são guiados não pela racionalidade da argumentação jurídica sobre fatos, mas tão somente por pré-compreensões que justificam a decisão.

Em ambos os casos, há uma série de elementos que não são levados em conta no processo de argumentação, pois as escolhas dos vínculos entre fato "B", razão da prova e fato "C", fato provado, dão-se por outros critérios que não a racionalidade da argumentação jurídica.

Nos exemplos aqui trazidos, todos reais e oriundos de processos concretos, "A" poderia ter saído de casa para beber, ir à farmácia ou encontrar a namorada, armado por medo de ser assaltado e nenhuma relação ter com a droga encontrada posteriormente ou com o assalto praticado horas antes. "Y" poderia ter assinado a ordem de pagamento em total crédito ao documento técnico firmado por engenheiro e juntado ao processo atestando a obra e nem sequer conhecer o proprietário da empresa contratada.

Os contextos de justificação de ambas as decisões mostram que critérios de pré-compreensão – o senso comum, a origem social do juiz, a sua moralidade interna, a sua compreensão política – afetam as escolhas dos vínculos fáticos, permitindo a normalização de seus pressupostos como guias condutoras do reconhecimento de veracidade.

É como se Toulmin, Atienza ou Alexy não oferecessem alicerces metodológicos melhores e mais adequados para a argumentação que as redes sociais, os grupos de *WhatsApp*, ou os âncoras dos jornais de audiência. Urgentemente precisamos pensar a argumentação de fatos e a sua vinculação com o apoio das decisões no processo penal.

Justificar por que algo prova a realização de um evento criminoso é um capítulo fundamental do processo penal que precisa ser construído para a sua plena realização num Estado Democrático de Direito, lugar onde o juiz possa ser constitucional e não aristocrata, como nos tempos do senhor de Villefort, tão bem descrito por Alexandre Dumas.

4.8

Aumento da pena e criminalidade transnacional: efeitos sobre a segurança pública?

A criminalidade internacional, que extrapola as fronteiras dos países e firma suas garras para além dos limites do Estado nacional, é uma das facetas contemporâneas do crime.

Ela movimenta mais valores do que os delitos internos e vincula-se à criminalidade intraestatal, dotando-a de força e potência. As quadrilhas e os bandos não conseguiriam ter a amplitude que têm se não fossem os seus braços transfronteiriços a fornecer as armas e as drogas e a lavar o dinheiro obtido com o crime.

Basta perceber que as quadrilhas de assaltos a bancos utilizam armamento potente, privativo das forças armadas, o que lhes garante uma violência bem maior do que haveria, acaso usassem armas fabricadas em território nacional, ou de aquisição permitida.

Da mesma maneira é o recebimento de droga através do traficante internacional que permite a existência de quadrilhas de distribuidores do pó ilícito em morros, favelas, asfalto e festas de elite.

Para a legalização do dinheiro de todas as organizações criminosas, é necessário um doleiro, um corretor, um banqueiro, ou um especialista em lavagem de dinheiro fora do país. O crime não usa mais as lavanderias como na Chicago do século passado, mas sim empresas, instituições financeiras e *offshores*.

Esse vínculo entre a criminalidade internacional e as milícias ou as organizações de tráfico de drogas e grandes assaltos – todas elas com assistência penitenciária – merece ser visto também sob a ótica do direito internacional comparado.

O Direito Penal Internacional – ou aquela parte específica vincada em Tratados e Convenções – cuidou de disciplinar a questão por meio da Convenção das Nações Unidas Contra a Criminalidade Transnacional, positivando a necessidade de coibir o tráfico de armas, o tráfico de drogas, o tráfico de animais silvestres, o tráfico de bens culturais, a lavagem de dinheiro, o tráfico de pessoas e o tráfico de migrantes. Fácil perceber que o Brasil, de uma forma ou de outra, sofre com todos esses tipos de criminalidade.

O Direito Internacional Penal, com a adesão do Brasil, determina o estabelecimento, no plano interno, de fatos típicos de fundamental importância para o combate à criminalidade dessa natureza: participação em organização criminosa, lavagem de dinheiro, obstrução de justiça e corrupção. Muito em razão do atendimento dos termos da convenção, a legislação brasileira já estabeleceu todos os tipos penais indicados pelo direito internacional. Não é mais o caso de se reclamar de lei, para a resolução de um problema factual.

Além da tipificação necessária, outros movimentos realizados por diversos países precisam ser observados, para que o combate às organizações criminosas milicianas ou às organizações criminosas de tráfico ou roubo possa ser efetuado sem desvio de foco.

Uma questão de tantas que surge diz com o aumento das penas e, consequentemente, do encarceramento proposto. Deveríamos prever mais tempo de prisão e reduzir os benefícios no período de execução de pena, sustentam alguns.

Aumentar o tempo de reclusão conduz a algum resultado satisfatório para a segurança do cidadão? Qual a relação entre o aumento de pena e a criminalidade organizada com braço internacional?

Na Itália se reconhece hoje que o aumento da pena aplicada ao criminoso internacional não reduz a participação de outros jovens na mesma organização, pois essas peças descartáveis são sempre substituídas por outra, e por outra, e por outra, num movimento sem fim. Prender indefinidamente "mulas" ou "pequenos soldados" apenas nos permite retirá-los das ruas e remetê-los para a escola de formação do miliciano, do assaltante ou do traficante, que é o sistema penitenciário.

Uma das questões prioritárias a ser observada é a atitude do Estado contemporâneo de encarcerar por pequenos delitos e assim permitir a recolha, pela organização criminosa, de um novo soldado.

A Máfia ainda existe, malgrado toda a modificação do sistema penal italiano com aumentos de penas e todo um sistema paralelo de persecução e imputação. Os traficantes ainda existem, mesmo com penas e prisões elevadas aqui no Brasil.

Há respostas?

Seguir o dinheiro (*follow the money*) permitirá conhecer quem lucra com o crime organizado e com as associações de tipo miliciano e permitirá por asfixia retirar-lhes a força. Reduzir a amplitude do poder do crime através do rastreamento e bloqueio de valores é fundamental. Valerá a pena o estudo acerca das medidas preventivas antimáfia, criadas na Itália.

Organizar e controlar o sistema carcerário de maneira que as associações não possam fazer assistência penitenciária para os detentos e nem se organizarem dentro do próprio sistema, também é muito importante. Ao perder o controle dos presídios e deixar fluírem as ameaças; ao perder o comando da força e da violência e do fluxo de informações dentro da carceragem, o Estado permitiu a organização e o crescimento do crime dentro de seu próprio seio. Controlá-lo é fundamental.

As fiscalizações em fronteira carecem de muita atenção haja vista a necessidade que estas organizações possuem de receber armas e cocaína dos países vizinhos. As organizações do crime não teriam igual potência se não houvesse armas contrabandeadas, nem cigarros a serem vendidos sem controle na periferia, se não houvesse cocaína a ser fornecida. A nossa fronteira sem controle responde pelo fluxo necessário ao delito organizado. Um controle sobre os fluxos fronteiriços é mais importante do que diversas mulas presas e encarceradas, que só fazem aumentar a rotatividade do peão.

Os mecanismos existentes, como o COAF e os métodos de *compliance* e controle das instituições bancárias devem ser utilizados para vigilância e controle do sistema para verificação do fluxo de dinheiro que provém da ilicitude: seguir o dinheiro.

Demais disso, e talvez o mais importante, o Estado brasileiro deve ser opção presente na vida das pessoas. A periferia precisa sentir a presença do Estado, pois ele, sim, e não a organização miliciana ou os traficantes de armas e drogas, deve ser responsável por serviços públicos e pela segurança e cuidado com os cidadãos.

Consequentemente, o jovem precisa ter a percepção de que há vida fora da milícia, há vida fora do tráfico, e não há a necessidade de fazer uma escolha por uma associação criminosa, ainda na adolescência, por questão de sobrevivência no presente e no futuro. O que concretamente fez a Máfia recuar em diversos espaços italianos foi a massiva presença do Estado onde antes só havia a família mafiosa.

Usando como parâmetro o que se percebe em Itália, é possível dizer que vencer essa guerra tem mais a ver com disputa de espaço do que com aumento de pena! A guerra contra a Máfia, assim como a guerra contra as milícias e as organizações de assalto e tráfico no Brasil, só será ganha quando, aliada à estratégia penal clássica, tivermos a ocupação do Estado, com seus serviços, sua segurança e sua assistência aumentando a percepção de liberdade dos cidadãos, para que as comunidades possam buscar um futuro melhor.

Alterações no Código Penal e no Código de Processo Penal para prender mais e por mais tempo podem ser úteis em alguns casos, mas na grande maioria sequer contribuem para resolver o problema da segurança pública.

Dessa maneira, ao menos para quem não acredita que a pena moderna seja um modo de vingança ou de retribuição, é necessário focar mais no fato sociológico criminal, entendê-lo e avaliá-lo.

A forma mais simples – aumentar as penas e o encarceramento – não funciona isoladamente. Não reduziremos a criminalidade sem mexer nas estruturas que alimentam o crime organizado. Nesse caminho, continuaremos a ser uma das maiores populações carcerárias, além de um dos países mais violentos do mundo.

4.9

Encarceramento por pequena quantidade de drogas: o alimento do crime organizado

O Brasil possui a terceira maior população carcerária do mundo. Contamos mais detentos do que a Rússia e um pouco menos que a China. Os Estados Unidos seguem campeões mundiais da carceragem.

Quando verificamos esses dados – que são de 2016 e indicam uma população carcerária de 726 mil detentos –, algumas perguntas vêm à baila. É necessário prender tantas pessoas? Quem está sendo efetivamente encarcerado no Brasil? Qual o sentido da punição criminal?

Estima-se que cerca de 30% dos encarcerados no país estejam detidos por aplicação da Lei de Drogas.

Quando tratamos de encarceramento feminino, é gritante o percentual de mulheres presas em razão de tráfico de entorpecentes, geralmente a pedido ou sob ordem do cônjuge ou companheiro: 62%. A população carcerária brasileira cresceu 707% nos últimos anos muito especialmente em razão da Lei de Drogas.

A pergunta sobrevive: é necessário prender tanta gente assim?

Conforme pesquisa realizada pelo juiz Marcelo Semer, sob a orientação do professor Maurício Dieter, da Faculdade de Direito do Largo São Francisco, observamos que cerca de 50% dos encarcerados em razão da Lei de Drogas foram presos por estar na posse de menos de 100 g de maconha ou 50 g de cocaína. Não está em causa a prática de homicídios, de roubos ou de latrocínios, mas tão somente a posse para o uso próprio ou de terceiro, caracterizada como tráfico.

As prisões ocorrem porque cerca de 73% dos casos geram prisão em flagrante convertida em preventiva e cerca de 95% dos casos em que há apreensão seguem para a condenação definitiva. A média temporal de prisão cautelar é de 7 meses e meio, e a média de penas aplicadas é de 4 anos e 9 meses. Nesses casos, apenas 16% das reprimendas comportam substituição para pena alternativa. A ampla maioria é sentenciada a regime fechado.

O cruzamento desses dados leva à constatação de que estamos aprisionando pessoas em razão da posse de drogas em quantidades correspondentes a atividade lícita em outros países. Dito de outra maneira, em sua grande maioria, os presos por drogas no Brasil, estivessem eles em um país europeu, livrar-se-iam soltos, no máximo perdendo a droga com eles encontrada e respondendo a processos que não teriam como consequência o encarceramento em penitenciária.

A conduta que no nosso país rende pena em regime fechado não teria como consequência uma pena de prisão, em boa parte do mundo moderno.

E qual o perfil do encarcerado? Jovem, classe baixa, desempregado, morador de periferia, negro ou pardo.

A prisão agrava a exclusão racial e a exclusão econômica. Ela implica a retirada dos indesejáveis das proximidades dos nossos mundos visuais.

Por pequenas quantidades de drogas, em ações caracterizadas como tráfico ilícito, estamos aprisionando a juventude sem presente econômico que avança para o futuro dentro de uma organização criminosa. Nada mais fazemos com essa atitude do que gerar soldados armados para as facções violentas e para a criminalidade organizada.

Nós, juízes, apenas nos responsabilizamos pela matrícula do novo integrante do crime quando sentenciamos o usuário a penas em regime fechado e o eventual traficante de drogas que ainda não faz parte de uma facção violenta.

Neste momento atual, o senso comum declara o seu desejo por mais prisões, seu desprezo pelo regime semiaberto e pelos benefícios da execução da pena. Ele crê na ausência de punição como razão da violência urbana.

Não há cientificidade nisso nem parece razoável negar a ressocialização e a humanização da pena como atividade estatal necessária.

Regime semiaberto e regime aberto nunca foram devidamente implementados no Brasil, pela só razão de que nunca houve investimento que atendesse à necessidade de ressocialização.

A pena, no imaginário popular, é apenas uma vingança estatal. A vendeta particular é substituída pela força repressora da nação organizada sobre o infrator que agrediu um cidadão "de bem".

Na outra ponta, o afastamento do indivíduo do convívio da sociedade porque ele causa perigo à comunidade organizada aparece como razão de ser da pena executada!

Não há crença na ressocialização, nem há proporcionalidade na pena aplicada.

O senso comum não trabalha com essas características porque joga o jogo do seu interesse epidérmico: afastar os indesejáveis.

Encarcerar jovens desempregados de periferia por pequenas quantidades de drogas, nos tomando a terceira – quiçá segunda – maior população carcerária do mundo não fará do Brasil um país mais seguro, principalmente quando esse encarceramento apenas engrossa as fileiras do crime organizado.

4.10

Juiz das garantias: *de te fabula narratur*

Ao entregar as notas semestrais na Faculdade de Direito da Universidade de Brasília, encontro um estudante de minha disciplina, "Argumentação Jurídica e Decisões Penais", que me pergunta: professor, como pode haver juiz criminal contrário ao juiz de garantias se é ele próprio que exercerá a função?

Fiquei pensativo. A pergunta pegou-me desprevenido.

A questão da divergência de opiniões e pensamentos parece-me clara: é sempre mais salutar para a sociedade que pessoas divirjam do que concordem inteiramente.

Contudo, parece necessário decodificar o pensamento e entender a origem das posições, seja pela lógica formal interna dos argumentos, seja pelas condições gerais do ambiente onde a compreensão foi gerada. Esse exercício de análise argumentativa parece calhar ao caso do juiz de garantias.

Saí da UnB desejando entender as razões que levam alguns magistrados a serem contrários ao instituto.

O primeiro argumento que vejo utilizado é de ordem prática, conjugado com um argumento metafísico – vou chamá-lo assim. Juízes creem que os processos demorarão mais a serem julgados se houver mais de um magistrado no feito, com a adição pela lei de juízes de garantias. Isso vem agregado à ideia de que se alguém é a favor do juízo de garantia é porque tem proveito com o atraso e, logo, é a favor da corrupção.

De logo é preciso perceber que o pensar brasileiro foi totalmente inundado por essa alegoria discursiva maniqueísta, muito viva em enlatados da televisão e do cinema, e muito comum na retórica política. Tudo se explica pela luta do bem contra o mal: ou está comigo ou contra mim; se não apoia o grande líder está contra ele ... em variados momentos históricos esse pobre argumento já foi usado: de Trujillo a Stalin, de Fulgencio Batista a Pinochet. Ultimamente Erdogan e Trump o têm usado muito.

Não vou falar de Goebbels. Todos sabem.

É apenas uma maneira de rotular o outro, desqualificá-lo para o debate, minar a oposição do divergente e não enfrentar o núcleo do argumento.

A racionalidade e a modernidade exigem não levar a sério a rotulagem como argumento no debate, até porque Mandela não era contra a prosperidade sul-africana quando criticava o Apartheid e nem dom Hélder Câmara era a favor da corrupção quando criticava prisões injustas.

Como esse maniqueísmo cresce nas redes sociais – e Umberto Eco estava certo quando afirmou que "a internet deu voz aos imbecis" – é até possível aceitar esse tipo de justificativa no senso comum, jamais quando provém de magistrados.

Afastada a rotulagem, logo será preciso verificar a correção da premissa: o juízo de garantias fará com que o processo verdadeiramente atrase?

A lei publicada estabelece que haja um juiz, denominado juiz de garantias, antes do oferecimento da denúncia, e outro, o juiz do feito, para a fase processual. Isso implica dizer que passamos a ter um juiz para cautelares preparatórias e medidas assecuratórias e outro juiz para atuar do recebimento da denúncia em diante.

Não há acréscimo de funções, não há trabalho novo. Há apenas utilização de juízes diferentes em um mesmo caso: um no inquérito e outro após o recebimento da denúncia. Logo, não é possível argumentar no sentido da demora por acréscimo de trabalho. O trabalho segue o mesmo, agora subdividido.

Resta verificar se a busca deste outro magistrado para atuar no feito acarretaria demora, por inexistência do segundo juiz.

Obviamente o problema não se põe em comarcas ou subseções onde houver mais de um juiz. Não há razão para o argumento na medida em que o juiz A, que antes tratava de seus processos criminais desde a fase de inquérito, agora trata no período investigativo dos processos do juiz B, que, inversamente, cuidará das cautelares e assecuratórias do juiz A. Ambos continuarão trabalhando no mesmo fórum e com a mesma carga de trabalho.

Resta saber se haverá demora na tramitação dos casos em comarcas e subseções de um só magistrado.

Neste caso, o que se põe é o juiz de outra comarca ou subseção vizinha atuar nas cautelares e assecuratórias de outra unidade. Também se cuida aqui de um juiz – ou vários – agindo como juízes de garantia de uma região judiciária ou circunscrição.

Qual a dificuldade de compreensão?

Quem propõe cautelares investigativas é o Ministério Público. Quem oferece representação em tese é a Polícia. Alguma dificuldade em fazê-lo numa central de inquéritos ou no juízo da subseção ou comarca vizinha? Em que medida o deslocamento ou a propositura diferida daria causa ao atraso ou adiamento do inquérito?

Vejo que não se trata de ato processual instrutório a ser praticado pelo juiz diferido, mas as cautelares e assecuratórias que são pré-processuais e dizem respeito à coleta de provas ou segurança do juízo. Isso em nada acarretará demora na instauração dos processos crime futuros, que correrão normalmente perante o juízo comum.

De outro lanço, duas outras premissas, ao meu sentir, devem ser repensadas.

Primeiramente, nas comarcas ou subseções pequenas há algum volume de medidas cautelares? Ou buscas e apreensões, prisões preventivas ou temporárias e quebras de sigilo são ali uma raridade?

Em segundo lugar, parte das medidas como bloqueio de bens e quebras de sigilo, sequestro e arresto atinge o passado, o que não traria qualquer prejuízo se decretadas não imediatamente.

A realidade demonstra a pequenez quantitativa de medidas dessa natureza em pequenas unidades jurisdicionais e a ausência de dificuldade no seu processamento perante outro juízo. O prejuízo parece ser virtual e não real.

Por outro lado, o Processo Judicial Eletrônico (PJe) investimento na estrutura judiciária na casa de bilhão de reais, existe exatamente para garantir a virtualidade da atuação processual – do juiz e das partes –, o que eliminaria totalmente a mínima demora na apreciação do pedido cautelar.

Ainda, quando se trata de competência de tribunais – salvo o caso de capitais-sede – não só as cautelares, mas o processo inteiro já tramita em outro lugar, o que exige deslocamentos. Nunca se usou o argumento de que a competência funcional, por esta razão, acarreta demora na conclusão do feito.

Assim, não vejo como prosperar o argumento de parte dos juízes no sentido de que a demora da prestação jurisdicional seria consequência da adoção do juízo de garantias.

O segundo argumento que vejo utilizado por magistrados é de ordem normativa: o juiz de garantias ou juízo de garantias seria inconstitucional por ofender o juiz natural.

Pois bem, primeira pergunta necessária: o que é juiz natural?

Segundo consenso doutrinário, o juiz natural é o juiz com jurisdição e com competência definido previamente por lei. Isso implica dizer que se a lei definiu a competência e jurisdição de um magistrado antes do fato que se vai processar e julgar, ele é o juiz natural.

Mas não foi exatamente isso que a lei fez? Definiu que um juiz julgará seus feitos, mas não participará das decisões cautelares do processo, e definiu que outro juiz participará das decisões cautelares e assecuratórias, mas não processará o feito.

Em que essa lei ofenderia a ideia de juiz prévio, com jurisdição e competência? Há quem afirme que a existência de dois juízes no mesmo feito ofende o juiz natural, e essa seria a razão da inconstitucionalidade.

Ao enfrentar o argumento, é necessário ver que em nenhum lugar da Constituição e em nenhum ponto da doutrina relevante ou periférica está dito que o juiz natural é um só juiz. Nos tribunais são, inclusive, vários os magistrados, por serem órgãos de prestação jurisdicional de natureza colegiada. A obrigatoriedade constitucional de um só juiz para as fases pré-processual e processual simplesmente não existe.

A reserva de lei permite que o Parlamento faça a escolha que lhe aprouver sem que isso macule qualquer trecho do texto constitucional simplesmente porque a exigência não existe. Demais disso, sequer se trata de dois juízes no mesmo processo crime, mas um na fase pré-processual e outro na fase processual, obviamente em outro processo judicial que tramita conexo.

A lei estabeleceu que o juiz natural do inquérito não é o juiz natural do processo. Em nada – rigorosamente nada – a opção da lei ofende a Constituição.

O terceiro argumento que vejo usado é o argumento da garantia constitucional do juiz inamovível. Por derivação, o juízo de garantias alteraria essa garantia constitucional.

Parece-me um equívoco, o argumento.

A criação da diferenciação chamada de juiz de garantias não representa qualquer ofensa à prerrogativa do juiz de não ver alterada a sua lotação.

De fato, estabelecer um juiz de garantias é menos até que especializar uma vara, instaurar novas circunscrições ou modificar-lhe dimensão territorial. Nos casos de maior alteração da função, as Cortes sempre entenderam que não há modificação da prerrogativa do magistrado de não ser retirado dos seus processos.

Se o tribunal pode especializar uma vara por que razão a lei não poderia criar dualidade de juízes, um com atuação pré-processual e o outro com função processual? Se em alguns Estados os tribunais podem criar varas com competência para medidas cautelares e tramitação de inquéritos – e designar juízes somente para cautelares – por qual razão a lei não poderia fazê-lo abstratamente?

Ante a ausência de um argumento dogmático que me convencesse de que o juiz de garantias é indevido no modelo brasileiro, passei a refletir sobre outras razões explícitas. A primeira de que me recordei diz respeito ao custo. Haveria um acréscimo de despesa com a medida.

Logo me vem à mente o equívoco de misturarem-se espécies de argumentos distintos: não se insere no rol de argumentos jurídicos – principiológicos ou dogmáticos – o custo da instalação. A opção de organização processual do legislador não se insere no âmbito daquelas que podem ser desconhecidas por ausência de verbas.

No mais, que validade tem esse argumento vindo de nós mesmos, que recebemos Auxílio Moradia, Gratificação de Acúmulo, adicional de 1/3 de férias em férias de 60 (sessenta) dias e ainda aguardamos diferença de exercícios anteriores de Parcela Autônoma de Equivalência e Auxílio Alimentação? Isso sem citar o relevante número de auxílios que grassam em muitos Estados. Se lutamos por esses acréscimos, não parece razoável que só nos preocupemos com o orçamento do Judiciário no momento de criar o juiz de garantias.

Se o custo é um argumento, por que não é utilizado quando a discussão gira em tomo de vencimentos? Isso é assim porque não se trata de um argumento, mas de uma desculpa.

Demais disso, não há aumento de despesa porque não há aumento de trabalho, e também por que há processo eletrônico.

A utilização do PJe permite que o juiz de garantias, aquele que cuida das medidas cautelares e assecuratórias, não seja o mesmo que processa o feito e possa estar em outro lugar físico, exercendo remotamente a jurisdição. Não parece, portanto, razoável que haja criação de cargos novos ou seja criado serviço remunerado que implique despesas.

E o custo com deslocamento de processos?

Argumento retórico também, ao que me parece.

Se observarmos malote eletrônico, e-mail, PJe e tantos meios de comunicação virtuais, como entender pela necessidade de algum gasto com correio físico ou deslocamento de pessoas a macular o direito subjetivo ao juiz de garantias?

Também não me pareceu razoável.

Ainda pensando no questionamento do estudante, dei por mim a tentar descobrir o moto condutor não confessado de parte dos meus colegas.

Li na internet dois argumentos: juiz de garantias é uma desmoralização do juiz criminal brasileiro e juiz de garantias é um movimento do legislador contra os juízes que combatem a corrupção.

Em primeiro convém dizer que justificativa não se confunde com argumento para afirmar ou negar a viabilidade de algo.

Boas coisas podem ser feitas por maus motivos e boas intenções também criam monstros. Logo, as razões metajurídicas que levaram o legislador a aprovar a norma não têm o condão de lhe dotar de boa aplicação ou má realização.

São planos distintos.

O que importa é perceber se a existência do juiz de garantias tem uma razão de ser na dogmática aplicada à resolução imparcial de conflitos, pouco importando se a motivação foi boa ou má.

Isso deita por terra o segundo argumento, que não me parece esteja no mesmo plano argumentativo dos anteriores.

No mais, também é preciso perceber que a valoração positiva ou negativa da norma também não interfere na sua performance. A análise da dogmática aplicada ao caso não depende do que a existência do dispositivo significa para quem aplica. Se a sociedade valorizará mais o juiz que trata de cautelares e do processo como um todo, ou se valorizará menos o magistrado que judicar em apenas uma fase é absolutamente irrelevante para compreensão dogmática do instituto.

Mas aí, sim, localiza-se a razão da revolta de vários magistrados.

É papável a compreensão de que o juiz de garantias reduz a autoconsideração de si próprio que parte dos magistrados possui. Mitiga o juiz herói, opera a redução do juiz imbuído de complexo Marvel, e admite a compreensão de que o magistrado – que se vê perfeito e indefectível – pode ser parcial, como todo ser humano, e, portanto, não deve atuar na coleta de provas pré-processuais e, ao mesmo tempo, atuar na decisão do caso.

O juiz de garantias demonstra a falácia do juiz combatente e reforça o perfil do juiz que não é sócio da acusação, não é parceiro do Ministério Público e não desequilibra a relação processual.

Ainda pensando na pergunta do estudante, vejo um último argumento sentimental e equivocado de outro colega magistrado: "o juiz de garantias é um juiz parcial apenas interessado em absolver o réu!"

A frase diz mais do perfil do juiz que se opõe ao juiz de garantias do que afirma algo contra o instituto.

Realmente, a introdução do juízo de garantias relaciona-se com o juiz parcial, imbuído do dever do combate e não da aplicação da lei.

De te fabula narratur.

É de ti que a fábula narra.

4.11

O fio da Moira: um constitucionalmente adequado Código de Processo Penal

O Código de Processo Penal deveria ser o fio condutor de todas as atividades que envolvessem a pretensão última do Estado de aplicar uma pena. Mas não é assim. Há outros fatores conduzindo o dia a dia da jurisdição penal, ao revés de uma lei instrumental positivamente válida e obedecida.

O subjetivismo do juiz ganha força e importância, e permite a construção de um código de conduta e processamento todo ele pessoal. Isso toma forma no juízo criminal com muita facilidade, levando a indefinições e a insegurança.

E nos tempos em que o conhecimento tende a ser substituído em certos momentos pela ignorância, e o senso comum invade as decisões judiciais, isso é particularmente relevante.

Objetivos morais, compreensões pessoais, valores do julgador e regionalismos institucionais estão bem presentes no cotidiano das varas criminais.

É verdade que parcelas significativas das normas – quer de natureza instrumental, quer de natureza material – estarão sempre abertas à interpretação e serão concretizadas através da atividade jurisdicional. Porém, no dia a dia da jurisdição penal, o que deveria ser pontual tomou-se rotineiro.

E por qual razão?

A ancianidade do Código de Processo Penal, que é de 1941, parece ser a resposta correta. Óbvio que existem leis novas que o modificam e o transformam em colcha de retalhos, mas o seu papel de leito natural do processo ficou irremediavelmente perdido e caímos todos, queiramos ou não, no subjetivismo, no moralismo e no jurisprudencialismo.

O STJ, Superior Tribunal de Justiça, tem a função de unificar procedimentos, de consolidar interpretações, mas nem sempre é possível, ou conveniente, substituir o legislador. Sem contar que é grave e abjeto o desconhecimento de 1ª e 2ª instâncias da jurisprudência firmada pela 3ª Seção daquela Corte. Em nome de uma falsa independência, continua-se a julgar em descompasso com o Tribunal Superior.

O juiz criminal que decreta busca e apreensão de oficio (CPP art. 242) é tido como arrojado e "combatente da corrupção" em alguns casos, ou em diversos lugares. Em outros, a prática é tida como inconstitucional e abusiva.

Quando se está diante de juízo criminal que decreta o sequestro de bens do investigado/réu de oficio (CPP art. 127), sem aguardar ou acolher interesse do acusador, tomando uma postura proativa na jurisdição penal, estamos diante de uma inversão da imparcialidade necessária ou defronte de um magistrado dos tempos modernos?

E quando se cuida de juiz criminal que decreta prisão preventiva de oficio (CPP art. 311)? É caso de ver o magistrado como sócio da acusação ou é papel do juiz tutelar de ofício a segurança da sociedade, a partir de sua própria visão de mundo?

Ainda há o magistrado de competência penal que produz prova de ofício, seja no curso da investigação criminal (CPP art. 156, I), seja no curso da ação penal (CPP art. 156, II), fazendo coro à tese da acusação que é da alçada do Ministério Público. É permitido?

Ainda é possível encontrar juízes criminais que requisitam instauração de inquérito policial (CPP art. 5) e eles próprios dão origem a procedimentos penais que o Judiciário decidirá. Ao menos nessa pequena parcela eles são ativos e tomam posição de parte processual. Isto é compatível com a Constituição?

Para alguns processualistas penais, todos esses juízes têm em comum o fato de agirem nos estritos limites da Lei Processual

Penal; para outros, a qualidade que ressona é a de analfabetos constitucionais.

Como ter segurança processual com esse grau de incerteza acerca de "onde está o direito" e sobre "qual direito processual possuímos"?

É necessário um processo preciso. Viver não é preciso, mas a lei que rege a possibilidade de perda da sua liberdade – alterando-lhe a vida – deve ser precisa.

Há Moiras a tecer o fio da existência, e estas três irmãs fiandeiras da mitologia grega estão acima dos deuses. Não podem ter seu trabalho interrompido nem mesmo por Zeus, ou por um juiz que se considere perto do Olimpo.

Assim me parece que deva ser o processo penal: um fio condutor de todas as atividades; um fio tecido sem interpretações grandiloquentes, sem interferências de mortais ou imortais e fatalmente respeitado, até que Cloto, Láquesis e Átropos terminem de fiar, enrolar e cortar.

Está na ordem do dia um Código de Processo Penal moderno, constitucionalmente adequado, que nos permita viver a previsibilidade que não possuímos, a segurança jurídica procedimental que não temos.

Enquanto isso, havemos de abrir os jornais, ou a internet, todas as manhãs, ler notícias que nos parecem esdrúxulas e ter a sensação de Eduardo Dusek.

Aí nos sobrará sempre gritar, como em *Nostradamus*, a canção:

> – "Levanta
> me serve um café
> que o mundo acabou!"

4.12

O Judiciário e o Supremo: a equivocada criação de um demônio popular

A história do Direito Penal registra a existência, em diversos períodos, de muitos demônios populares que estabeleceram pânicos morais na sociedade, num movimento que criou fobias e construiu inimigos públicos.

Em alguns casos, há inimigos reais que têm a sua importância exagerada e potencializada, e são apresentados aos olhos e mentes da massa como muito mais perigosos do que realmente são. Em outros exemplos, os inimigos são literalmente inventados, construídos para causar medo e horror.

Há também aqueles que são reais na sua existência, mas possuem a sua significação totalmente distorcida, passando a representar algo que verdadeiramente não são.

Grupos de jovens de periferia, traficantes de drogas, agentes públicos, criminosos comuns, todos eles em algum momento e em algum lugar do mundo já foram sujeitos que suscitavam medo ou pânico de um mal profundo e irremediável, por eles gerado.

Quem desenvolve o pânico moral e quem constrói o demônio popular?

Muito se discute na criminologia de onde partem essas construções e como se desenvolve esse surto coletivo. Exemplos já estudados como o de Antônio Conselheiro e Canudos, das Bruxas de Salém, ou mesmo dos jovens de periferia na pequena cidade do sul da Inglaterra trazem muitas respostas e mais dúvidas.

Há quem veja no pânico moral gerado pela existência de um demônio popular como algo deliberadamente criado com um objetivo claro. Uma força motriz que possui interesse em controlar grupos, ideias ou pessoas constrói de forma planificada um demônio e o torna popular e digno de ojeriza, trabalhando na produção da reação da massa a ele próprio e ao que representa.

Há teóricos que veem no *folk devil* e no *moral panic* não uma produção pensada com um objetivo específico, mas uma criação espontânea da sociedade que sempre projeta seus temores e seus receios em pessoas concretas e em atos reais, no movimento psíquico já conhecido de culpar os outros por seus próprios equívocos ou pela insatisfação com algum elemento concreto de suas próprias vidas.

Não haveria construção centralizada e interessada do demônio popular, mas sim a criação automática de um simbólico mau, por mil fatores convergentes, que levariam ao pânico a partir da perspectiva de dano que ele próprio poderia causar.

Todos os criminalistas dedicados à questão percebem que o pânico, a partir de um certo momento, gera mais pânico e se desenvolve sobretudo em razão do hiperfoco que os canais de informação vigentes passam a dar ao próprio demônio popular, gerando horror e medo sucessivos e progressivos, a partir da overdose de informações tendentes a gerar reação, revolta e fobia. E, consequentemente, pânico.

Nos tempos que correm, esse processo de hiperfoco se desenvolve não apenas por jornais, televisões ou rodas de conversas, mas principalmente por redes sociais ou pelo *WhatsApp*, que bombardeiam a todos nós com notícias, informações ou análises que frequentemente são tendenciosas, falsas ou distorcidas que condicionam o leitor ou o ouvinte a ter mais receio de sofrer um mal. E este mal, conforme a mensagem – que vem seguindo a lógica do "demônio que pode me engolir" – estará "cada vez mais perto de mim".

No Brasil contemporâneo, os *folk devils* tomaram-se comuns e passaram a ocupar noticiários, *trending topics* no Twitter, correntes de *WhatsApp*, páginas de *Facebook* e postagens de *Instagram*.

Turbinados profissionalmente por robôs, mas também difusamente distribuídos por usuários das redes ou *youtubers*, as notícias tendentes a gerar revolta e medo foram dirigidas contra professores, artistas, pesquisadores, políticos, pessoas de pensamento ou posição ideológica à esquerda, além de servidores públicos.

A velocidade da construção de demônios populares chegou ao ponto de serem apresentados um deles por semana, alguns gerando muito pânico e outros apenas reações moderadas.

Independentemente de saber se isso é um movimento espontâneo ou planificado e se não há interesse na sua gênese ou se obedece a um *script*, a um motivo e a um objetivo, há algo que parece ser novidade nos estudos acerca do assunto: a criação de um demônio popular – com geração de catarse característica do pânico moral – que na verdade é uma instituição, e joga a função política de um dos três sustentáculos da democracia.

O que temos assistido é a apresentação da Justiça e do Supremo Tribunal Federal como demônios capazes de gerar tamanho mal à sociedade, que suas inexistências – com o fechamento do STF – são necessárias à proteção da população.

As Bruxas de Salém agora são os magistrados, e a má intenção por detrás da construção da imagem demoníaca relaciona-se com a contrariedade exposta a decisões judiciais.

O STF decide determinada questão da maneira como acha correto, funcionando como instituição pilar da democracia e, repentinamente, outros servidores públicos, descontentes com o resultado de sua decisão, formatam um demônio popular e começam a gerar pânico moral, na certeza de que um levante ou uma revolta pode alterar o papel da Corte – se não nessa decisão, em outras.

O fator pânico moral e o já debatido efeito manada levam alguns detentores de mandatos eletivos, na dependência dos sentimentos populares que se traduzem em votos, a apoiarem a construção do demônio popular, gerando movimento de pânico que se demonstra em outras medidas informativas ou, pior, em atos formais de depreciação do novo inimigo.

No espalhamento do pânico moral em relação ao STF três coisas não são observadas e precisariam ser pensadas, por quem deseje agir distante do efeito manada:

Em primeiro lugar, o Judiciário, e principalmente o Supremo Tribunal Federal, com todos os erros e críticas à Corte de hoje ou de sempre, representa o ponto de Arquimedes da democracia. Sem ele e sem a sua liberdade de decidir e julgar não será possível haver democracia, pois faltará o árbitro das decisões políticas e das tensões endógenas. Quem passará a decidir: um senador? Um ditador? Um colégio de integrantes do Ministério Público? Uma reunião de advogados? Ou o povo, aquele mesmo que livrou Barrabás e condenou Jesus? O jogo do descontente, principalmente quando elaborado por funcionário público, representa um ato autoritário, criador de demônios populares bem ao estilo da época das Bruxas de Salém. "Queimem todas! São culpadas!".

Em segundo lugar, o descontentamento de mérito só justifica a demonização do Judiciário quando o órgão acusador não deseja um julgamento justo. Apenas quando ele deseja a chancela de suas próprias verdades, e a confirmação do seu próprio relato da história, nada mais. Goebbels ressurge como patrono dessa ideia. Pensar assim é ser igual a qualquer ditador.

É preciso atentar para o fato de que o pânico moral que vem sendo gestado não busca reagir a desvios éticos ou funcionais, mas sim a posições de mérito, utilizando a retórica da demonização. O movimento só demonstra desapego à democracia, reação às regras do jogo democrático e arrogância político-institucional.

Cabe ao jogador, descontente com a marcação de um impedimento, desejar expulsar o árbitro da partida? Evidente que não.

Em terceiro lugar, cumpre refletir que o movimento traz consigo a desestabilização dos métodos de decisão do próprio Judiciário, permitindo a barbárie.

Quando a população legitima o sarcasmo, a agressão e a mobilização popular pelo fechamento da Justiça e contra decisão do STF que não lhe agrada, mobilizada por operadores do Direito, está permitindo que forças antagônicas façam o mesmo, quando a decisão desagradar a outra metade da sociedade. É a legitimação do jogo da força, e a negação da racionalidade. E quando esse movimento de implosão é patrocinado por operadores da Justiça, certamente temos parte do sistema negando amplamente a existência e a validade do próprio sistema.

Haverá de haver um tempo em que a maturidade institucional nos alcance e possamos entender que demônios criados e pânicos gerados – por interesses pessoais ou espontâneos – não conseguirão construir um mundo melhor.

4.13

O juiz criminal: utopia, distopia e prova ilícita

O uso da distopia virou coqueluche da geração milênio. Concordo que nada mais estranho do que usar um termo em voga nos anos oitenta para definir o entusiasmo contemporâneo por tratar de realidade, imaginando coisas que não existem.

Philip K. Dick, morto em 1982, não imaginaria o sucesso que narrativas como *Blade runner*, *O homem do castelo alto* e *Minority report* fariam em tempos atuais.

A distopia funciona como o anverso da utopia. Caracteriza-se por um *status* futuro de opressão e perversão da realidade. Em certo paralelismo com a distopia, há a fantasia. Há também o realismo fantástico. Todos trabalham com uma realidade estranha, ou paralela, que é usada para explicar o mundo em que vivemos. Diferentemente da hipótese opressora de *Admirável mundo novo* ou de *1984*, algumas obras da literatura e do cinema projetam uma dinâmica melhor para fatos históricos. Basta distorcê-los.

Assim, Quentin Tarantino pôde sentir o sucesso – e surfar nessa onda do gosto por irrealidades, utópicas ou distópicas – falseando belamente a História, como o fez em *Bastardos inglórios* e *Era uma vez em .... Hollywood*.

Mas o que esse gênero da literatura e do cinema tem a ver com processo penal?

Se olharmos bem de perto veremos que o processo penal também é uma irrealidade. E pode ser uma utopia ou uma distopia. Todo processo, em alguma medida, é um falseamento da realidade. É uma utopia ou distopia formalizada num produto.

O processo penal se constrói sobre fatos e suas consequências jurídicas. Portanto, processo criminal é uma atividade pública tendente a aplicar normas sobre fatos que precisam ser comprovados no bojo do próprio procedimento. É uma relação entre quem acusa e quem se defende, triangularizada pelo Estado-Juiz.

É possível copiar a realidade ao ponto de poder, futuramente, repetir todo o encadeamento fático que ocorreu até o momento em que um crime foi cometido? Será possível repetir inteiramente uma cadeia causal e saber, com segurança e certeza, exatamente o que aconteceu? E mais: será possível fazê-lo dentro das regras instrumentais estabelecidas dentro de um Estado Democrático de Direito?

Não fora o bastante ser impossível repetir fatos e conhecer a realidade em toda sua inteireza, ainda há as limitações instrumentais da atividade investigativa do Estado.

Desta maneira, reconhecido um grau de ceticismo necessário ao conhecimento fáticocriminal, a verdade que se produz num processo apto a condenar ou absolver alguém é uma utopia ou uma distopia. No mínimo, uma bela dosagem de fantasia é natural, quer a chamemos *realidade fantástica*, *mentira* ou *verdade processual*.

Aquilo que o processo prova nunca é, de fato, o que aconteceu. Vige entre nós uma utopia: a de que o processo crime se conduz pelo princípio da verdade real. Pode vigorar entre nós uma distopia: a verdade falseada conduzindo à opressão do Estado sobre o cidadão. Haverá, entre nós, uma realidade fantástica: a verdade possível leva à absolvição de quem de fato cometeu um crime. Neste contexto utópico, distópico e fantástico há de se conviver com a realidade da prova nula.

Ela demonstra a realidade com um grau de realismo muito grande, mas não poderia ter sido utilizada porque não foi produzida conforme o direito. Na sua gênese, ou na sua produção, não se observou limites que a lei exige.

Como compatibilizar tudo isso? Como realizar o princípio da verdade real com as garantias de um devido processo legal? E o que fazer quando o conjunto de fatos não for preciso, mas a prova nula for precisa?

Escuta telefônica, sem a devida autorização judicial, que conduz ao reconhecimento da autoria do tráfico de entorpecentes e ao encontro da droga; busca e apreensão no endereço errado, que permite encontrar a prova de outro crime; roubo de um computador, que resulta no encontro de uma planilha de corrupção passiva e ativa...

São exemplos de provas nulas que podem aproximar o processo da verdade real, mas que ultrapassam os limites do Estado Democrático de Direito.

Sem elas, o processo poderá utopicamente ou distopicamente se converter numa realidade fantástica. Onde estará a melhor decisão a ser tomada? Aceitar a prova nula em nome da verdade real ou reconhecer sua nulidade em nome do devido processo legal? O que é fazer?

Antes de mais, deve-se reconhecer que a "verdade real" é uma ilusão de ótica. O processo crime não reproduzirá jamais os fatos como efetivamente aconteceram. Em segundo lugar, deve-se estabelecer, por escolhas valorativas, qual o ponto mais importante a ser preservado.

Numa sociedade onde o medo de crimes praticados diuturnamente é dominante, a tendência da sociedade é que nenhum criminoso seja absolvido por "filigranas" processuais. Escutas ilegais, buscas indevidas e provas roubadas tendem a ser aceitas pelo senso comum, quando o desejo socialmente disperso, ou conduzido, tende à punição por crimes com os quais o cidadão não aguenta mais conviver.

Por outro lado, em sociedades mais equilibradas e seguras, o receio é de uma atuação autoritária, abusiva e ilegal do Estado, subvertendo as liberdades civis e nos conduzindo a uma distopia. As comunidades politicamente mais sólidas têm medo do *Homem do castelo alto* e não costumam perdoar excessos do *Caçador de androides*.

O que nos torna mais fortes como democracia, mais perenes como sociedade regida pelo direito e não pelo heroísmo, parece ser o respeito à lei, e não a aceitação de uma nulidade invasiva e cerceadora das liberdades civis, mesmo que ela aproxime a realidade dos olhos do leitor.

Mas há uma questão ingrata. Há uma lâmina que fere de morte a racionalidade: como admitir – diante de uma prova nula – que um inocente seja preso? No caso dos países que adotam a pena de morte, como matar alguém na certeza – processualmente nula – de que o acusado não cometeu o crime?

É um paradoxo que pode conduzir a uma realidade fantástica ou a uma distopia – tanto o reconhecimento da aplicabilidade da prova nula quanto a sua negação.

Talvez a melhor saída seja a mais simples: aceitar que o princípio da verdade real é uma utopia.

Admitir que sociedades maduras devem conviver com o erro no reconhecimento da verdade judicial – e com injusta absolvição – quando o reconhecimento da nulidade é para impedir que limites do Estado sejam ultrapassados. Acolher a prova inteiramente nula quando isso implica impedir que alguém seja punido injustamente. Não sem razão, e com farta justificativa histórica, chegamos ao império da racionalidade.

Utopias ou distopias são apenas narrativas, porém é desse caldo que emergem prisões e liberdades. Por essa simplória razão, a responsabilidade do juiz é bem maior do que a de Philip K. Dick ou Quentin Tarantino.

4.14

Sistema judicial penal e autopoiese

O empresário crê entender de engenharia espacial; o dentista acha que sabe mais de política criminal do que o jurista; o médico tem certeza de que conhece mais de educação à distância do que o pedagogo; o internauta é convicto de que sabe de tudo isso, mais que todos ... e acha que sabe de muito mais ... e ele se expressa com convicção.

O filme de Fellini, combinado com as páginas de García Márquez, no qual se transformou a sociedade brasileira levou à normalização da ignorância e à valorização da estupidez, com palcos armados para eloquentes, que repentinamente têm opiniões a dar sobre qualquer assunto ou tema, e são chamados de filósofos, para o desespero das almas de Aristóteles e Kant.

Os gregos antigos provaram que a Terra era redonda, com Pitágoras, em IV a.C., e com Eratóstenes, à frente da biblioteca de Alexandria, que calculou a sua circunferência. Ele errou, de fato. Por 75 quilômetros, segundo a medição atual da Nasa. Já Galileu Galilei comprovou que a Terra esférica girava – e ainda gira – em tomo do Sol.

Mas há quem duvide.

A internet chega para unir os "doidos de praça", isolados num bar ou num logradouro qualquer. Emitem opiniões e resolvem problemas conforme suas próprias limitações. Eles se sentem confortados ao saberem que as suas loucuras não são únicas. A simbologia da representação da ignorância favorece a estupidez. As redes sociais os conectam. A imbecilidade ganha voz atrás da internet, disse um dia Umberto Eco.

Paralelamente a isso, pessoas com expertise num determinado tema tendem a opinar em áreas que demandam um conhecimento que não possuem. Elas usam compreensões exógenas à natureza de uma questão para tentar dar respostas a análises de outros sistemas. O arquiteto deseja dar opinião sobre a teoria da relatividade de Einstein. E negá-la.

O juiz lê na rede social a "legitimação" da sua decisão. E se regozija.

Essa é uma característica dos tempos que correm.

Como explicar no Brasil de hoje que a Medicina e o Direito Penal estão diluídos no amálgama das opiniões sem estrutura e sem fundamento? Como enfrentar o fato de que esta diluição vem como subproduto da liberdade tecnológica e da democracia?

Talvez Niklas Luhmann nos ajude a entender.

A sociedade moderna caracteriza-se por diferenciações e por sistemas que gozam de autonomia frente a outros sistemas.

Não podemos resolver problemas internos ou responder a perguntas específicas de um sistema autônomo com base em pressupostos de outro sistema. Também não podemos agir no sistema de Justiça penal a partir da absoluta alopoiese, que nega a existência e a autonomia dos próprios sistemas e pugna pela inexistência de diferenciação, provocando um bloqueio desestruturante de um sistema sobre outro. Não é moderno desconhecer que entre eles mesmos e o ambiente onde sobrevivem há diferenças.

No contexto da modernidade, questões de Economia se resolvem, ou deveriam se resolver, sob as lógicas das ciências econômicas, e não a partir do senso comum ou das verdades do Direito. A ciência jurídica não pode globalmente resolver crises sociais, sobretudo porque a sociedade é muito mais complexa que o sistema jurídico. Isto nos faz modernos. Mas estamos abandonando a modernidade. Claro que os sistemas dialogam entre si. Por exemplo, um contrato de locação é um mecanismo de acoplamento entre os sistemas jurídico e econômico, mas isso não significa afirmar que haja um condicionamento do sistema jurídico ditado pelo sistema econômico goela abaixo do direito.

Essas mesmas questões podem ser tratadas conforme outros pressupostos, pois novo tratamento jurídico de questões econômicas, sob o enfoque jurídico, não invalida as soluções internas da própria Economia.

Sistemas sociais são autopoiéticos, e isto é uma característica da modernidade. No direito da sociedade moderna, o xerife já não resolve questões de família e o monarca não soluciona problemas de religião. Não são as verdades do príncipe ou seus pressupostos que validam as soluções, mas a dinâmica interna de cada um dos sistemas.

Diferenciação funcional, nos termos de Luhmann, é a nota da modernidade. Não podemos desistir dela.

O sistema de Justiça tem regras internas e se move a partir de elementos concretos próprios. Não é possível decidir ou agir na Justiça com base em *topoi* exclusivos de outros discursos ou do senso comum vigente. Não seria moderno.

Em termos comezinhos, valoração da prova e argumentação jurídica sobre a prova, assim como existência ou não de fato típico e responsabilidade penal do agente por fato atípico, não podem ser tratadas a partir da Economia ou da Política.

No cotidiano, a Política invade o Direito, na medida em que nem sempre os pressupostos jurídicos são observados nas decisões, e muitas delas cristalizam uma narrativa política. O sistema político oferece fundamentos e justificativas para atos judiciais, e a falta de autopoiese permite que a narrativa ideológica invada destrutivamente a fundamentação judicial.

Nesse sentido, Luhmann observa que os direitos fundamentais devem ser usados como uma ponte entre o mundo jurídico e a Política, já que a Constituição é o momento do acoplamento estrutural entre os dois sistemas. Esta ponte não existe para que a Política invada o Direito, mas exatamente para que eles se mantenham distintos. Eles são a última fronteira da diferenciação. Tudo para que o sistema judicial não se comprima por outra narrativa, abandonando a dogmática.

Na diluição discursiva do Brasil de hoje, a política se ocupa do Direito Criminal e as razões de alguns julgamentos estão fora da dogmática. Algumas decisões não podem ser explicadas, porque seus apoios estão fora dos pressupostos do Direito Criminal.

É um momento de crise da dogmática penal.

Um momento de obstaculização do sistema de Justiça pelo ambiente e pelo sistema político. A Constituição, responsável pelo acoplamento estrutural, sofre agressões que permitem a colonização do Direito pela Política.

A solução pode ser encontrada na própria escrita do sociólogo de Bielefeld: garantir que o sistema judicial penal resolva suas tensões e suas questões com base na própria dogmática criminal.

A alopoiese e a liquefação dos axiomas de decisões – centralizando-os no senso comum – é característica de um sistema autoritário, jamais da ampla democracia, que é um dos itens desejáveis de nossa modernidade.

No sistema judicial penal há sempre uma tradução de fatos com imposição de normas.

Como traduzi-los preservando conquistas da modernidade? Como fazer bem a arte? Se não Niklas Luhmann – ou Raffaele De Giorgi –, ao menos Ferreira Gullar pode nos ensinar, para que não decretemos a morte da Justiça criminal:

> "Traduzir uma parte
> na outra parte
> – que é questão
> de vida ou morte –
> será arte?"

4.15

Os juízes e as redes sociais: a incoerência da manada

Alceu Valença, mestre violeiro das terras ao norte do São Francisco, lembrou-se semana passada da noite em que compôs *Táxi lunar*. O meu conterrâneo regional deu-se conta de que a vida ficará muito deprimente quando se acabarem os conceitos.

Quando tudo puder ser dito sem limites; quando a ignorância finalmente perder a modéstia; a liberdade de brandir um "eu tenho certeza" servir de pia batismal para a estupidez; quando os parâmetros da verdade forem abandonados, o mundo será triste. Seremos todos tais e quais o garçom de Juazeiro, descrente da ida do homem à Lua. Aí o Papa será comunista, a Terra será plana, o nazismo será de esquerda, Fukuyama será apaixonado pelo Estado e as Universidades serão desprezíveis. Nesse momento, as leis penais serão um conjunto de *tweets* e postagens e as redes sociais terão ocupado a posição de legisladores.

O mundo não será apenas triste e deprimente: será assustador e perigoso.

Os juízes com suas decisões fazem parte do mundo.

Há dois problemas inerentes à frequência de magistrados em *Facebook*, *Twitter*, ou quejandos, fora do espaço de produção de conhecimento, e para além das relações sociais frugais. Dito de outra maneira, o ato de hipotecar apoio a compreensões ideológicas, a jusante ou a montante, revela duas sortes de consequências: em primeiro lugar os juízes tomam partido de lutas políticas e, portanto, expressam previsibilidade quanto às suas decisões futuras. Viram parte sociologicamente interessada. Fazem isso num momento delicado em que as questões de Direito Penal estão mais epidermicamente intrincadas com a Política. E em segundo lugar, passam a decidir conforme o entender majoritário da democracia dos alienados, dos perdidos nas redes sociais e unidos por alguma última neurose construída no último *tweet*, de um milhão de curtidas.

Ambos os processos conjugados geram o que os antigos – do tempo em que grupos de *WhatsApp* eram cadeiras na calçada – chamariam de "fulanização da profissão".

A lei existe como parâmetro de decisão e os fatos como pressuposto de realidade para decisões sobre estes mesmos fatos. Argumentar sobre questões de fato e argumentar sobre postulados legais é atividade jurídica, e não surge automaticamente da cabeça das pessoas diante de um *smartphone*.

A atividade de dizer o direito obedece a parâmetros consensuais de verdade, ou, ao menos, de neutralização dos dissensos estruturais, na expressão de Marcelo Neves. A resposta jurídica surge exatamente dos fatos e dos textos legais. Quando a Terra pode ser plana e podemos achar que a circunavegação é crime, o direito já não existe mais.

Juízes que se rotulam a si mesmos quando escrevem e juízes que são a expressão da patuleia da rede, nela incluídos os robôs, são o iminente e mais potente perigo ao mundo liberal e à democracia.

Explico:

Dona Maria, batendo bolo às quatro da tarde de um sábado, ouvindo sua rádio preferida noticiar quem foi preso e quem foi solto, tem o fundamental direito de crer que todo político é bandido, todo juiz que o solta é corrupto. Ela também possui o direito subjetivo de não saber a diferença entre prisão cautelar e execução de pena.

Antes, dona Maria reclamava daquilo que cria ser um absurdo no salão de beleza e era acompanhada na irritação por cinco ou seis amigas de bobes na cabeça. Mesmo que bradasse um absurdo racional.

Hoje, a igual irritação de seu João – aumentada porque a cerveja não gelou direito – não é expressa só no balcão do bar do Zuza, acompanhada por um brinde. É gritada na rede mundial que envolve centenas e milhares de Zés e Marias. Nenhum deles nunca abriu um livro de direito e todos eles juntos já soltaram Barrabás, já fizeram a "Revolta da Vacina" e já aplaudiram Mussolini e foram com Hitler à guerra. E nesses momentos históricos não havia internet. Nos tempos que correm, eles fazem uma onda, criam um já mencionado efeito manada e os juízes, ao ouvirem a "voz das ruas", arriscam confundir barro com barril, calçada com beiral e meio-fio com fio elétrico.

Isso tem acontecido todos os dias. Essa forma de julgar questões, principalmente criminais, é uma grave ofensa ao liberalismo, à democracia e à racionalidade.

Quando a visão de mundo desconectada de parâmetros de realidade ou de veracidade científica contamina os juízes e funciona como maré de sizígia sobre as atividades dos julgadores, a impressão que temos é que estamos mergulhados numa epidemia de realidade paralela. Uma cegueira coletiva que já não é mais ensaio, mas um longa-metragem para além de Saramago. "Os fatos que estão no processo pouco importam"; "o que diz a lei pouco se me dá!"

A onda desloca o pensar dogmático e científico da compreensão dos fatos e da dimensão semântica das normas para o sentir e o pensar das redes sociais. Juízes há que julgam conforme a expressão que as redes sociais dão ao fato. Conforme sua moralidade e sua valoração. É a onda, é a maré de sizígia. É o efeito manada.

É uma seriíssima e enorme ameaça ao estado de direito, ao liberalismo e à democracia o que alguns – juízes de profissão – fazem por vezes, nesse momento histórico.

As redes sociais não formam, apenas informam. O *YouTube* não ensina; só diverte; o *Twitter* é apenas um termômetro de sensações, jamais uma rede de construção de conhecimento.

Quando nos expressamos nas redes sociais, cremos estar realizando o princípio constitucional da liberdade de expressão.

Mas talvez estejamos ajudando a desconstruir a instituição responsável por esta mesma liberdade de expressão. Quando julgamos conforme o desejo das redes sociais, acreditamos que estamos sendo efetivamente democráticos por ouvirmos a maioria, mas no fundo estamos destruindo a própria democracia.

Só a coerência nos salvará.

Quando a maré baixar, a onda quebrar, a manada dissolver-se nas pradarias, então será a hora de recolhermos os corpos da coerência. Será o caso de torcermos pelos cadáveres em decomposição não terem ocupado todo o solo, matado as flores que teimam em crescer no jardim.

Com o velho Alceu, escrevo para dizer que ainda é tempo de Anunciação; para dizer que ainda é possível desejar ver a coerência chegando para brincar, para nossa felicidade, nos nossos quintais.

4.16

Cem Anos de Solidão: o Direito na América Latina como anomalia da velha Europa

Pretendo examinar a ideia de direito europeu, transplantada para este continente, não como imperativo da racionalidade, ou normalidade histórica, mas como anomalia *per se*, na medida justa em que a importação ignora as condições reais desta parte do mundo e não apenas repete os equívocos do berço, mas os decuplica em novas dimensões. Centralizarei minha observação em apenas um objeto e direi que o denominado ativismo de parte da aristocracia judicial – ou daqueles que se sentem tal e qual sem na realidade o serem – na América portuguesa e espanhola põe-se a serviço da anomalia originária e não se conecta com as questões das populações locais, exceto para reafirmar a noção de periferia do mundo.

O primeiro ponto já antecipado é justamente o seguinte: a América Latina, no tempo presente, segue mimetizando não apenas a estrutura da velha Europa como também segue copiando os movimentos políticos e também as estruturas jurídicas dos países europeus.

Sem embargo de que uma parte não menos significativa desse processo de cópia possa ser vantajosa para esta parte do mundo – como os movimentos constitucionalistas, as ideias liberais e as consolidações dos ideais de igualdade –, é possível observar muitos danos à América Latina, principalmente em razão da reafirmação da dicotomia centro/periferia.

Como dizia Raffaele De Giorgi no ano de 2006, a ideia de Roma como Império, elaborada metafisicamente como mistificadora e justificante do centro de poder inatingível, insuperável e localizado em outro espaço, reforça a anomalia que o direito duplamente representa, nesta parte do mundo.

Esse processo de cópia se pode observar quando movimentos neofascistas e movimentos de politização das metafísicas religiosas – os ditos neopentecostais politicamente atuantes – ocupam espaços de poder na América, sob retóricas distintas, mas que se conectam.

Os primeiros, com a justificativa de um necessário fortalecimento do poder e da força do Estado para afastar os males da corrupção, da imoralidade comportamental e do comunismo. Os últimos, com a justificativa de se ocuparem dos problemas individuais da mulher e do homem latino-americanos, tomando a religião organizada como centro terreno de organização assistencialista, e também sob a desculpa de trabalhar para afastar o mal da dita imoralidade comportamental e fortalecimento da sua própria ideia de família.

Ambos reafirmam a dicotomia centro/periferia a partir de narrativas distintas, mas que se relacionam.

Os movimentos conservadores de inspiração fascista ou mesmo nazista ocupam a Europa do século XXI. Na América do Sul, parte da América Central e principalmente no Brasil dos últimos anos tais movimentos têm se tornado assustadoramente fortes, negando espaço para a ideia de desenvolvimento de personalidades individuais próprias e para a igualdade. Esses movimentos têm origem a partir de uma leitura mimetizada do atual momento europeu, na esteira do que se pode ler a partir do pensamento de diversos líderes, dos quais é possível destacar Viktor Orbán, Recep Tayyip Erdoğan, Vladmir Putin e Marine Le Pen.

Os movimentos políticos de parte dos neopentecostais não estão presentes no nosso tempo na velha Europa, mas repetem a posição do puritanismo inglês ao estilo Oliver Cromwell e as posições do próprio catolicismo de perseguição, liderados pela *assemblage* entre poder do Estado e poder da Igreja.

Sobre esse solo de negação da noção do indivíduo e de redução dos limites de intervenção do Estado na economia e na vida das pessoas, com exacerbado nacionalismo e unicidade comportamental, desenvolveu-se um perigosíssimo movimento de ideologia à direita, religiosa, nacionalista e armanentista, unindo-se por ideias homofóbicas, xenófobas, sexistas e violentas.

As anomalias da velha Europa tornaram-se ainda mais desconectadas da realidade latino-americana, na medida em que fundiram o fascismo à religiosidade, descortinando um modelo assustadoramente vivo. Tão vivo que se pode observar uma profusão de leis, atos administrativos e decisões judiciais que realizam, no campo do direito, essa realidade mimetizada.

Cumpre a mim dizer rápidas palavras sobre a parte do problema que, ao menos hoje, é meu objeto de análise: o Judiciário e suas decisões. Farei isso usando como fio condutor um colombiano, um latino-americano, um escritor que tem parte da sua vida vivida no México: Gabriel García Márquez.

Faço isso porque o Poder Judiciário é exatamente quem vem afirmando na América Latina, e particularmente no meu país, a narrativa de corrupção dos setores públicos para, com ela, garantir a vitória da aliança entre neofascistas e neopentecostais.

Muitos anos depois, diante do pelotão de fuzilamento, os juristas haverão de lembrar-se do tempo em que negaram a racionalidade do Direito Penal, e nos levaram a todos nós para conhecermos o gelo.

Não que a América Latina (e nela o Brasil) houvesse sido, em algum momento da nossa história, um paraíso tropical de plenas realizações de direitos, ou que os processos penais efetivamente encontrassem sempre a verdade dos fatos. Nossa Macondo portuguesa e espanhola é um lugar violento, com desigualdades acentuadas, de questionável liberdade para escolhas pessoais e restrita efetividade das prestações públicas.

Vê-se muito facilmente a impunidade e a má formação dos administradores públicos gerando tantos desvios e tantos crimes contra os países em América Latina.

Entretanto, a lógica utilizada pelos corruptos arrisca se repetir no Judiciário, quando juristas e autoridades institucionais tendem a justificar as suas teses moralmente corretas a partir de filigranas processuais e da negação da própria verdade.

Quando o que há de concreto deixa de importar, ou deixa de ter valor no processo penal, e tudo passa a ser discurso retórico, terminamos misturados por correntes de *WhatsApp* e renegados a uma pré-modernidade. A legitimação do processo como demonstrativo de realidade cede à avalanche de existir tão somente como reprodução de discurso.

Agora que a América Latina está imersa em uma linguagem — a do combate à corrupção — que serviu de incentivo para mergulhar a sociedade numa catarse de limpeza e numa neurose por higienização do Estado e da sociedade, juristas são chamados a separar realidade de fantasia.

É preciso estabilizar a verdade, pois são muitos os líderes nesta parte do mundo que começaram a confundir a urgente e necessária punição por prática de atos de corrupção com o uso da sua justificativa para legitimar quaisquer atitudes e, também, perseguir os inimigos políticos, afastar os divergentes ideológicos e isolar os adversários sociais inventados. O comportamento evoluiu para o maniqueísmo, que gerou ódio e mergulhou a todos no pânico moral por medo de um inimigo etéreo, criado a partir de uma narrativa construída por outros, e que nega o conhecimento, ignora a verdade e ofende a racionalidade.

Uma de tantas facetas que surgiram desse transe doméstico e coletivo foi a elitização da magistratura, o discurso judicial da superioridade moral do juiz, a negação do seu papel de servidor público e o consequente protecionismo da própria autocompreensão do magistrado e, portanto, de sua posição na sociedade dividida.

Nos tempos que correm, o continente se tornou uma espécie de Macondo, onde o realismo fantástico sai a todo o momento de dentro da literatura e se muda, de armas e bagagens, para as salas de audiência. Os pergaminhos de Melquíades refletem-se nas sentenças aborrecidas, que se postam muito distantes do sangue, do suor e das lágrimas dos humanos. Não faltam Mamães Grandes nem Olhos de Cão Azul.

A verdade morreu.

A Crônica é de Morte Anunciada.

Ela não importa mais.

Foi superada pela retórica vazia.

As coisas do mundo fantástico são tão recentes que carecem de nome, e para delas falar é preciso apontá-las – lembra Gabo, batizado Gabriel. E repetindo o realismo fantástico colombiano, a nossa realidade de novas ondas gera movimentos que carecem de nomes, com suas essências usurpadas por uma fantástica realidade retórica, digna *Do amor e de outros demônios*.

Sob a justificativa de combater a corrupção, muitos flagelos invadem o cotidiano. Vale lembrar que muitas indignidades históricas foram cometidas sob esta mesma justificativa: o nazismo, o estalinismo, o fascismo, o chavismo e todos os discursos arrogantes e autoritários, assassinos e populistas, tiveram origem neste mesmo agir. Revelaram-se, com o tempo, atrozes e dominados pelas suas próprias antíteses.

O discurso do combate à corrupção nos manda ficar "insones para vigília contra o mal", e esse discurso retórico já se consolida como seita: com seus altares, ídolos, rezas e inquisições. A metafísica religiosa abraça o fascismo na América Latina.

A consequência inevitável do mal da insônia, realisticamente inventado por Gabriel García Márquez, é a perda da memória. Nessa vigília desmemoriada, vão-se os comparativos históricos que não nos permitem errar duas vezes. Ao desconhecer o passado, os juristas repetem os seus erros. Mesmo que muitos penalistas repitam a sina de José Arcadio Buendía — de colar papelotes dando nomes aos institutos para que deles não nos esqueçamos —, a comunidade, por sua maioria, tende a esquecê-los, dominada pela narrativa que se ritualiza e se sacraliza. Esquecem o crime de tortura; esquecem as mortes nas periferias; esquecem as injustiças e as perseguições. Esquecem as fraudes e as corrupções que existiram em todos os regimes e em todos os tempos.

Ignorar fatos e institutos é prática corrente na vivência da vigília insone.

Olvidam as hipóteses legais para prisões; olvidam a argumentação jurídica necessária para sustentar fatos e provas. Já não se lembram da modernidade tributária da igualdade entre os sexos, entre as etnias e entre as religiões. Já não se lembram da modernidade de professar uma ideologia e de pensar e se expressar livremente. Esquecem até mesmo a necessidade de educação, de livros e de cultura – pois "a internet proverá".

É preciso refazer o movimento do alvorecer dos tempos dos Buendía: apontar com o dedo para dizer em alto e bom som o que as coisas realmente são.

O mal da insônia traz o esquecimento e assola a América Latina. Junto com o esquecimento vem o culto sem pudores à ignorância e ao desconhecimento, construindo uma nova e deprimente narrativa.

Tudo parece esquecido e assim permanecerá até que os ciganos retornem com suas essências e nos permitam sair do torpor.

A todos nós – juristas de uma terra cada vez mais espelhada em Macondo – resta negar equívocos narrativos e escrever para reentronizar a verdade, pois as estirpes condenadas a cem anos de solidão não terão uma segunda chance sobre a Terra.

4.17

Populismo penal: caso brasileiro

Ao descrever a existência de duas realidades que não se comunicam e nem falam a mesma linguagem, o romancista brasileiro Michel Laub demonstra uma fratura exposta na sociedade brasileira dos últimos 15 anos.

Em *Solução de dois Estados*, a intolerância e a ausência de pontes argumentativas entre duas ilhas de pensamento aparecem de forma crua.

De um lado, temos a nova religiosidade dominante – de matriz evangélica – valorizando a força, a intolerância, o moralismo, o armamentismo e o punitivismo; de outro, o ainda resiliente esquerdismo latino-americano dominado pela liberalidade na arte, nas questões de gênero e na ocupação da terra.

Para Laub, a obstrução do diálogo entre pensamentos e sentimentos opostos é a característica mais marcante da sociedade brasileira do século XXI.

Obstruídos os canais de embate argumentativo, abandonada a racionalidade das exposições de teses e de antíteses, restou ao Brasil conviver com verdades absolutas convertidas em dogmas cada vez mais radicais, de um lado, e com a tentativa infrutífera de racionalizar o espaço público com uma série de obviedades que não eram ouvidas ou processadas pela própria sociedade, de outro. Travou-se a partir daí um diálogo entre pessoas que não se entendiam a partir de nenhuma ponte linguística.

Inviabilizado o debate, e crescendo a massa que obtusamente acreditava em um discurso pronto e acabado que retorcia a realidade e a pulverizava através da hipercomunicação, o país se tornou refém de uma narrativa que incluía vários itens. Nesse pacote da irracionalidade coletiva, a necessidade da punição e do hiperencarceramento viraram certeza absoluta. Para compreender melhor esse desejo pelo punitivismo e pelo encarceramento em massa é importante entender as bases da narrativa que dominou o país nos últimos dez anos e que agora dá sinais de enfraquecimento, para a alegria dos que acreditam na modernidade do moderno, na racionalidade do discurso e da argumentação.

São diversos os pontos do discurso – pulverizado como agrotóxicos sob uma plantação fértil –, que atuam como sementes em solo adubado.

O primeiro ponto é a demonização da corrupção administrativa.

Elevada a mal supremo da sociedade, a corrupção tornou-se a inimiga número um de todos os cidadãos, ao ponto de homicídios, genocídios, destruição do sistema de saúde, violência urbana, tráfico de armas, violência contra a mulher e contra a comunidade LGBTQIA+ serem problemas entendidos como "de menor gravidade", e até mesmo justificáveis por essa "estúpida retórica", parafraseando Caetano Veloso. O objetivo de vida de segmentos da sociedade passou a ser lutar pelo fim da corrupção, ainda que praticando atos criminosos de outra natureza.

É preciso observar que aos poucos a sociedade alterou substancialmente seus valores para entronizar o que seria o "mal absoluto", entendido como tal a corrupção pública.

O segundo ponto do modelo narrativo é a desnecessidade de elementos de prova. Prova-se um fato criminoso através da mera alegação, pelo simples apontamento de um fato reprovável por qualquer do povo ou pelos heróis do sistema jurídico, legitimados midiaticamente e narrativamente para a conversão de suas opiniões em certezas inabaláveis.

A negação de duas conquistas da modernidade aparece como elemento dessa retórica do Estado e da sociedade. Nega-se a presunção de inocência e nega-se a formulação de decisões baseada em provas escrutinadas pela ampla defesa dentro do devido processo legal. A presunção de culpabilidade e a desnecessidade de prova constroem o segundo ponto da narrativa punitivista, na qual a sociedade brasileira mergulhou.

Isso é incentivado por uma técnica de investigação existente em outros locais do mundo, mas que no Brasil ganhou uma dimensão que não existe em nenhum outro país: a colaboração premiada. A delação tornou-se item suficiente para a absoluta certeza da culpabilidade e da condenação, fortalecendo as transferências de culpa e as denúncias vazias ou as mentiras claras para desvio de responsabilidade.

O terceiro ponto é o da seletividade nos processos de punição.

A violência contra hipossuficientes passa a ser ignorada ou até mesmo justificada; a guerra às drogas em ambiente de periferia passa a ser incentivada, bem como a eliminação pura e simples daquele cidadão classificado de forma absurda e arbitrária como criminoso de periferia.

O mesmo senso punitivo não alcança violência de gênero, feminicídio, morte por policiais, contrabando de armas, invasão de terra indígena, garimpo ilegal ou tráfico de madeira e de animais silvestres. As normas que estabelecem crimes ambientais são até mesmo objeto de movimentos de mobilização de setores da sociedade para sua revogação.

O quarto ponto observável na narrativa que mergulhamos é o da superioridade moral do narrador sobre quaisquer outros que tendessem a forçar um debate argumentativo. Julgamentos morais são distribuídos a partir da concordância ou da discordância com o modelo narrado, relegando aqueles que se opõem a esse estado de coisas ao espaço destinado aos "comunistas", "amantes da corrupção", "inimigos do progresso". O método do expurgo ideológico chega ao ponto de criminalizar-se a Universidade, local natural de produção de conhecimento que, curiosamente, é rotulado como atrasado, corrompido e repositório de ilícitos e de imoralidades as mais variadas.

O quinto ponto é o da elegia à força e à violência. Andar armado, usar armas, divulgá-las e incentivar o uso, liberar o comércio – inclusive por crianças– incluiu-se no discurso público. Violência como modo de viver; violência com naturalidade; violência como autodefesa; violência como esporte. Todos esses discursos foram acoplados à narrativa que nos foi imposta e que se tornou majoritária num certo momento.

O sexto ponto observável é da rejeição ao outro. O outro tomando teu espaço e te agredido por fazer algo que tu poderias estar fazendo de errado. Logo, ao ocupar espaço que por conclusão lógica decorrente da superioridade moral deveria ser seu, o expurgo e até mesmo o encarceramento passam a ser hipóteses justificáveis moralmente.

Para além do discurso da intolerância, o que se observa é a narrativa da eliminação. Não basta afastar o outro, não basta reagir ao outro, não basta se defender do outro – é preciso eliminá-lo.

Essa eliminação como item da narrativa desumaniza o ser humano e desconstrói todas as bases do humanismo solidificadas durante a aventura da modernidade.

A barbárie invade o inseguro século XXI com toda a força de seus pressupostos que julgávamos esquecidos.

Por fim, o sétimo ponto dessa narrativa punitivista que assolou o Estado e a sociedade é a elegia à exclusão do encarcerado. O encarcerado perde a sua condição de humano e passa a ser tratado como objeto. Há uma objetificação do sujeito que passa a ser excluído de qualquer discurso humanitário, tratado como estorvo e como peso. Quase um demônio.

Aumentando o número de prisões e detenções baseadas na narrativa punitivista que assolou o país, caminhou-se para o encarceramento massa como uma técnica de exclusão social – quer no plano racial, quer nos planos econômico e ideológico.

Todos esses elementos descritos podem ser vistos no modelo do discurso que se convencionou chamar de "lavajatista" em referência à operação Lava Jato.

E qual teria sido a dimensão de aceitação dessa narrativa no caso brasileiro?

Importante observar que a hipercomunicação e a aderência dos setores da mídia organizada à narrativa lavajatista, por diversos motivos, causou imensa permeabilidade na sociedade brasileira.

Some-se a isso um movimento direcionado e impulsionado por terceiros via internet, inundando, doutrinando e impondo diuturnamente essa mesma narrativa para toda a população, criando ou utilizando-se do "efeito manada".

Desta maneira, a popularização dessa narrativa punitivista tornou seus argumentos majoritários, causando a ocupação de poder central – por breve tempo – e a execução de seus objetivos por algum tempo.

Concluída a análise da narrativa punitivista no caso brasileiro, cumpre propor caminhos para ressuscitar o debate racional.

Creio que há pontos que devam ser observados:

Em primeiro lugar, o retorno à racionalidade nos processos penais, de forma a revalorizar o devido processo legal e o princípio da presunção da inocência como seus pilares básicos de sustentação, com observância à necessidade de embate argumentativo sobre provas e à valoração adequada e racional do material probatório.

Em segundo lugar, partir para o debate público para resgatar a racionalidade dos argumentos, a fim de enfrentar as falácias e as falsidades que inundam a hipercomunicação.

Em terceiro lugar, a regulamentação do uso da internet para coibir a utilização instrumental da hipercomunicação para convencimento através de mentiras e notícias falsas, as chamadas *fake news*.

Em quarto lugar, atualizar o Código Penal e o Código de Processo Penal aos tempos que correm para permitir a proporcionalidade entre defesa e acusação e o consequente retorno ao devido processo legal.

Em quarto lugar, humanização do modelo de encarceramento com recuperação da realização do princípio da dignidade da pessoa humana em todas as suas potencialidades.

Em quinto lugar, redimensionamento das Universidades e do Poder Judiciário para novamente valorizar a democratização dos processos de discussão.

4.18

Terroristas em Brasília: outra vez a "banalidade do mal"

Quando Hannah Arendt foi encarregada pela revista *The New Yorker* de acompanhar e relatar o julgamento do nazista Adolf Eichmann, em Jerusalém, o senso comum humanista do pós-guerra – e daqueles que tentavam entender como a sociedade chegou ao holocausto – acreditava na brutalidade maniqueísta de todos os participantes da tragédia.

Os atos genocidas teriam sido praticados em sua totalidade por gente intrinsecamente má, a partir de uma escolha consciente da prática do mal, que já seria conhecido em todas as suas dimensões e consequências.

Esperava-se de Hannah Arendt um relato duro sobre todos os horrores e aberrações praticados na construção da "solução final". Esperava-se de Arendt o desenho de um cidadão pervertido. A análise de um homem tomado por uma força inumana, que o caracterizaria como uma besta a conduzir para a morte gente igual a ele. Gente inocente em meio aos horrores da guerra. Aguardava-se a bestialização de ambos os Adolf e de todos os demais nazistas.

No entanto, o que se vê na descrição da filósofa de Königsberg (atual Kaliningrado) é um homem comum. O que se lê friamente exposto no livro publicado há mais de sessenta anos é a "banalidade do mal", na expressão da nossa autora, demonstrada na sua forma mais crua, e por isso dolorosa.

Os homens capazes de atrocidades – como Eichmann – são cidadãos comuns. Homens e mulheres que beijam os filhos.

Pessoas que vão aos cultos e às missas. Que falam em família, em Deus, em pátria e em liberdade.

O que dói na análise é a certificação de que não conseguimos compreender como a humanidade pode se tornar inescrupulosa e perversa. Como mulheres e homens podem destruir outros iguais, utilizando-se de palavras que refletem princípios e valores falados e propalados aos quatro ventos, porém jamais praticados.

A partir da condução por homens conscientes dos seus interesses muito particulares, os maiores culpados, e todos juntos envoltos num sentimento de pertinência a um grupo, as pessoas perdem a capacidade de questionar os seus atos e deixam de perceber o que é moralmente condenável. O mal passa a ser banal; o errado se torna aceitável; o absurdo é justificável pela normalidade da conduta e por palavras vazias: de novo Deus, pátria, família e liberdade.

O acúmulo de discursos que superam o limite do razoável leva muitos a cometerem atrocidades, sem questionarem o horror dos seus próprios atos, crentes no acerto dos seus próprios motivos.

Eichmann foi condenado à forca.

O fato de ser um burocrata que não questionava os horrores do nazismo; o fato de ser mais um ser humano conduzido pela narrativa de Joseph Goebbels e de muitos outros idealizadores do nazifascismo; o fato de ser o cidadão comum, nada disso o livrou de pagar com a própria vida por todos os seus crimes.

Dia 8 de janeiro de 2023 ficará para a história do Brasil como o dia da tentativa de golpe de Estado arquitetada e conduzida por pessoas conscientes tanto política quanto moral e economicamente, de que operavam para a derrubada da democracia, a fim de fazer prevalecer os seus próprios interesses. Da mesma maneira, a data lembrará senhoras fora de contexto, homens idosos sem noção alguma e celerados passionais executando atos terroristas por conta da total perda da capacidade de separar o bem do mal, o correto do absurdo e o crime da manifestação plural. Em meio a todo aquele *show* de horrores o que se via não eram cidadãos intrinsecamente maus, mas pessoas comuns.

De novo a mesma pergunta: o que faz com que nos tornemos maus e nos deixemos conduzir pela perversidade, pela criminalidade e pela maldade?

Os crimes estão claramente previstos no Código Penal: o dano, a lesão corporal, o golpe de estado, o atentado contra as instituições democráticas, a ameaça, a incitação aos crimes, o desacato, a injúria, a difamação, a calúnia...

O que faz um cidadão que se acha "de bem" incorrer num tipo penal cônscio de que sua conduta é normal, ou até mesmo elevada?

Essa é a grande pergunta que ressona daquele 8 de janeiro.

Para as condutas praticadas não há perguntas profundas. Há apenas a necessidade de comprovação dos elementos constitutivos objetivos e subjetivos dos tipos penais, em um processo com ampla defesa e completa produção de provas seguindo o devido processo legal.

Porém, saber o que leva alguém a cometer crimes de todas as naturezas, banalizando a sua conduta ao ponto de normalizar o mal, é resposta que nem Hannah Arendt foi capaz de encontrar.

Precisamos pensar sobre isso, para que racionalidade e a modernidade, enfim, nos aconteçam.

4.19

Para que nunca mais aconteça

"A História é um profeta com o olhar voltado para trás: pelo que foi, e contra o que foi, anuncia o que será."

Essa frase cunhada pelo uruguaio Eduardo Galeano pode ser lida conjuntamente com outra expressão – desta feita, brasileira e caribenha – de Chico Buarque e Pablo Milanés: "a história é um carro alegre, cheio de um povo contente, que atropela indiferente todo aquele que a nega."

O que desejo dizer com isso?

Quando olho para o ano de 2013 – quando tudo começou – e tento entender, com certo distanciamento, o que ocorreu nos anos de "lavajatismo", vem à mente a melhor metáfora de todas, para descrever o que os juízes fizeram, ou não fizeram, nos últimos anos: "os juízes foram embora de Berlim".

O meu papel de crítico do Judiciário – não para afundá-lo no desprezo, mas para fortalecê-lo na eterna reconstrução – me faz pensar no abandono da razão e da independência, no acolhimento da autocracia, da tirania e da estupidez, e em que medida tudo isso foi justificado por um discurso moralista e puritano, que era tão falso quanto hipócrita.

Penso nisso desejando um futuro diferente, no qual minha instituição possa ser menos autorreferente. Dito de outra forma, penso sobre o passado esperando que os juízes olhem menos para seus umbigos e vejam mais o mundo ao seu redor.

Uma realidade mais democrática e mais moderna para a magistratura só acontecerá a partir da análise e da crítica racional dos erros do passado. Contudo, também percebo que os setores majoritários da magistratura parecem não entender a importância da autocrítica.

No exato momento em que penso assim, também constato que o povo indiferente atropelou o lavajatismo e recusou todas as perorações da "força tarefa", relegando para o limbo da História aqueles juízes que negaram o devido processo legal, afastaram a ampla defesa, corromperam a vontade da maioria, afastaram-se da racionalidade das coletas de provas e negaram a coerência e a juridicidade das próprias construções argumentativas. Não fora tudo isso o bastante, os mais importantes atores do movimento de atropelo da legalidade e da utilização partidária da Justiça trocaram suas carreiras jurídicas por uma profissão política, congraçando-se com o lado político inverso daquele que tentaram destruir mediante o uso estratégico de ordens judiciais.

Contudo, depois de alguns anos de abismo, rechaçou-se o colonialismo e o messianismo das decisões politicamente interessadas e reconheceu-se o erro de aceitar uma autocracia interessada, que fez da toga um instrumento de valorização pessoal.

Percebo que o senso crítico médio da elite pensante recobrou o *status* de modernidade, renegando posturas de um passado recente. Mas será que isso também aconteceu dentro do Judiciário? Os juízes hoje reconhecem o tamanho do erro que cometeram?

Começando do princípio, creio que toda observação analítica da atuação do Judiciário em tempos de Lava-Jato deve começar primeiro pela constatação de quem somos nós, os juízes, e o que desejamos ser enquanto agentes de Poder.

Sem a observação dirigida pelo autoconhecimento de nada valem críticas ou teorizações, a não ser para o deleite próprio ou para a valorização acadêmica, pois nada ajudará na compreensão transformadora do Poder Judiciário.

Quem somos?

Para onde vamos?

Em primeiro lugar, nós que fazemos o Judiciário não somos "o povo", tampouco somos a "voz de Deus". Não nos foi dado o poder de objetivar desejos plurais e nem de representar a população vivente no Estado brasileiro.

Essa crença na ideia de que somos frutos da maioria e objetivamos o *Volksgeist* – não por acaso conceito popular na década de trinta na Alemanha no século passado – é um erro. Crer nele somente pode levar a um distanciamento do conceito de legitimidade, porque coloca os juízes na posição de seres "iluminados".

Além disso, o juiz médio também não é "o povo" em sentido objetivo. Não é maioria racial, não é a maioria cultural e nem é maioria econômica da população. Basta verificar o perfil ideológico e sociocultural do Judiciário para perceber que somos majoritariamente classe média conservadora e estamos no estrato de elite da sociedade. Fazemos parte do 0,5% com melhor remuneração, composto de "nata" heterossexual, branca, conservadora e machista da complexa sociedade brasileira.

Juiz não vem do povo e em tempos de Lava Jato foi amplamente difundido, como um mantra, que nós, magistrados, representávamos a sociedade. Porém, qualquer comezinha análise faz perceber o oposto.

É um equívoco pensar o Judiciário como povo. Judiciário no Brasil é classe média, mas pensa como elite. E é, de maneira endógena, uma elite conservadora politicamente interessada na preservação dos interesses desse mesmo estrato dominante da sociedade.

Essa aversão à popularização dos bens de consumo e rejeição a todas as medidas inclusivas na sociedade pode ser percebida pela ojeriza de certos setores aos sistemas de quotas nas Universidades e a programas como "Bolsa Família" e "Mais Médicos". Transporte público deve ser de qualidade, desde que não leve para dentro dos aviões o "público de rodoviária" que agride a diferenciação necessária para que os incluídos se vejam melhor posicionados na pirâmide social.

Dizer que somos representantes do "pensamento do povo" é tão ilusório que as palavras ao serem confrontadas com a realidade se desmancham no ar. Esse é um equivocado mantra de profissões exclusivistas que vêm de formações bacharelescas como são médicos, juízes, advogados e membros do Ministério Público. As exceções apenas confirmam a regra.

A galopante inclusão social levou à desconsideração da posição e do lugar de fala do médico e do juiz, reduzindo a complexidade e as diferenças sociais apenas e tão somente à autoconsideração de si próprios e seus desejos. Repentinamente já há muitos médicos e inúmeros bacharéis em direito. Deixou de ser privilégio ser juiz, e a diferenciação que o magistrado carregava reduziu-se muito. A imponência do cargo não era correspondida pela posição social, já não tão diferenciada.

Paralelamente a isso, a questão salarial contribuiu para a ausência dessa diferenciação. Juízes deixaram de fazer parte das profissões públicas melhor remuneraras. Mesmo ganhando proporcionalmente mais que a magistratura europeia, o sentimento era de vilipêndio, e como houve mais inclusão social a percepção de distanciamento da base da pirâmide diminuiu muito.

A questão econômica e a necessidade de sentimento de importância foram essenciais para a magistratura se ver representada pela Lava-Jato.

Demais disso, é preciso ver que há também um componente geracional muito forte.

As novas gerações, que não viveram o período da ditadura militar, não acompanharam a dureza da repressão política e não conviveram de perto com os movimentos por liberdade política. Paradoxalmente, não internalizaram os valores da democracia e da liberdade.

Por outro lado, a hipercomunicação e as redes dividiram e ao mesmo tempo agruparam as pessoas em tribos, fortalecendo ideias e sentimentos construídos no campo virtual que não tinham tantas conexões reais.

Repentinamente, os novos juízes passaram a viver o mito e o desejo do juiz-herói. Nasce o mito do juiz Marvel, que acaba sendo fortalecido pelas redes sociais e ovacionado pela imprensa.

Muitos passam a trabalhar vigorosamente interessados em reconhecimento popular e midiático, abraçando um discurso moralizador que sempre esteve disponível em todos os movimentos de direita ou fascistas, através dos tempos.

Penso que dessa maneira formaram-se as precondições para o que veio a surgir.

É possível perceber que certos juízes deixaram os seus lugares de fala para assumirem o binômio amigo/inimigo. De uma hora para certos setores da magistratura tornaram-se espaços "de combate" à corrupção. O juiz passava a combater e não a julgar, passava de árbitro a jogador, e a forma de justificar essa mudança de posição era a narrativa da moralidade pública.

Há também outro fator cujo conhecimento não era público, pois a informação não chegava a todos, e quando chegava aparecia mascarada de formação intelectual e internacional: havia sem dúvida uma influência norte-americana nas atuações. De forma desinteressada ou interessada, diversas Universidades nos Estados Unidos e o próprio Departamento de Estado americano começaram a acolher juízes para estudos acerca do combate à corrupção. Eram inúmeros convites e numerosos cursos e eventos no tema e naquele país. A influência me parece clara.

E há mais fatores. O carreirismo também foi uma mola propulsora do lavajatismo. Muitos observaram o engajamento na narrativa e o acoplamento a decisões parciais como uma oportunidade de crescer na carreira, de avançar na pirâmide de cargos no Judiciário e obter sucesso.

E há um penúltimo e importante fator: a covardia. Se toda a mídia e as redes sociais valorizam a "caça aos corruptos" e execram aqueles que defendem direitos humanos e cumprimento de normas processais, muitos juízes covardemente passam a cumprir suas funções de braços dados com os noticiários, tanto por medo de ser acusado e criticado, quanto por desejo de ser aplaudido.

Por fim, há, sem dúvida alguma, a baixa formação política dos magistrados brasileiros e a sua mediana formação humanística como fator. O juiz médio tem pouca compreensão do universo político no qual está inserido e tem uma deficiente formação humanística, muito em razão dos projetos pedagógicos dos cursos de Direito com perfil cada vez mais técnico, e também em razão da modalidade de concurso adotada para ingresso na carreira. Entender o mundo onde atuamos e se posicionar no universo que nos cerca deixou de ser um pré-requisito para julgar os atos no mundo real. Talvez esse distanciamento entre a vida real e o mundo virtual no qual boa parte de nós está imerso seja a razão maior – ou um dos maiores motivos – da crise de racionalidade que invadiu o Poder Judiciário.

Muito há para ser pensado e muito ainda haverá de ser objeto de um sem número de estudos acerca desse momento ímpar da Justiça brasileira. Contudo, o desejo de afirmação da categoria, o mergulho na vida virtual, o conservadorismo elitista, o desejo de protagonismo heroico e a baixa compreensão do papel político do magistrado são causas aparentes para esse mergulho no abismo que tanto envergonha a todos nós.

GLOSSÁRIO

O objetivo deste glossário é apresentar ao público as referências citadas neste livro, bem como indicar algumas obras, literárias ou não, para o aprofundamento do debate.

AIRA, Cesar (1949). Escritor argentino.

Obras indicadas:

Pequeno manual de procedimentos. Trad. Eduard Marquardt. Curitiba: Arte & Letra, 2007.

Las noches de flores. Madrid: Mondadori, 2012.

Os fantasmas. Trad. Jorge Wolff. São Paulo: Rocco, 2017.

O santo. Trad. Jorge Wolff. São Paulo: Rocco, 2019.

ALEXY, Robert (1945). Jurista alemão.

Obras indicadas:

Teoría de la argumentacción jurídica: la teoria del discurso racional como teoría de la fundamentación jurídica. Trad. Manuel Atienza e Isabel Espejo. Madrid: Centro de Estudios Constitucionales, 1997.

Teoria dos direitos fundamentais. Trad. Virgílio Afonso da Silva. São Paulo: Malheiros, 2008.

Conceito e validade do direito. Trad. Gercélia Batista de Oliveira Mendes. Rev. Karina Jannini. São Paulo: WMF Martins Fontes, 2011.

ALMEIDA, Manuel Antônio de (1831 – 1861). Escritor e médico brasileiro.

Obras indicadas:

Memórias de um sargento de milícias. São Paulo: Penguin/ Companhia das Letras, 2013.

ARENDT, Hannah (1906 – 1975). Filósofa alemã de origem judaica.

Obras indicadas:

Eichmann em Jerusalém: um relato sobre a banalidade do mal. Trad. José Rubens Siqueira. São Paulo: Companhia das Letras, 1999.

A condição humana. Trad. Roberto Raposo. Rio de Janeiro: Forense Universitária, 2007.

Origens do totalitarismo. Trad. Roberto Raposo. São Paulo: Companhia das Letras, 2012.

ARISTÓTELES (384 a. C. – 322 a. C.). Filósofo grego.

Obras indicadas:

Retórica. Trad. Antonio Pedro Mesquita, Abel do Nascimento Pena e Manuel Alexandre Junior. São Paulo: WMF Martins Fontes, 2012.

De anima. Trad. Maria Cecília Gomes dos Reis. São Paulo: Editora 34, 2012.

Ética a Nicômaco. Trad. António de Castro Caeiro. Rio de Janeiro: Forense, 2017.

ARRUDA JR., Edmundo Lima de (1955). Sociólogo do direito brasileiro.

Obras indicadas:

Globalização, neoliberalismo e o mercado de trabalho. Florianópolis: Edibej, 1998.

Direito alternativo e contingência: história e ciência. Florianópolis: CESUSC, 2007.

Derecho moderno y cambio social: unanálisis inspirado en Gramschi. Florianópolis: Conceito Atual, 2021.

ATIENZA, Manuel (1951). Jusfilósofo e professor espanhol.

Obras indicadas:

Contribución a una teoría de la legislación. Madrid: Civitas, 1997.

El derecho como argumentación. Barcelona: Ariel, 2006.

Tras la justicia. Barcelona: Ariel, 2012.

Curso de argumentación jurídica. Madrid: Trotta, 2013.

AZEVEDO NETO, Américo (1943). Homem de teatro brasileiro.

Obras indicadas:

Bumba-meu-boi do Maranhão. São Luis: Alumar Cultura, 1997.

Cazumbá. São Luis: Pitomba, 2019.

BATISTA, Nilo (1944). Advogado e professor universitário brasileiro.

Obras indicadas:

Introdução crítica ao Direito Penal brasileiro. Rio de Janeiro: Revan, 2011.

Capítulos de política criminal. Rio de Janeiro: Revan, 2022.

Crimes contra o Estado Democrático de Direito. Rio de Janeiro: Revan, 2023 (com Rafael Borges).

BAUMAN, Zygmunt (1920 – 2017). Filósofo e sociólogo polonês.

Obras indicadas:

Amor líquido: sobre a fragilidade dos laços humanos. Trad. Carlos Alberto Medeiros. Rio de Janeiro: Zahar, 2021.

Modernidade líquida. Trad. Plínio Dentzien. Rio de Janeiro: Zahar, 2021.

Tempos líquidos. Trad. Carlos Alberto Medeiros. Rio de Janeiro: Zahar, 2021.

BECCARIA, Cesare (1738 – 1794). Jurista, economista e literato milanês.

Obras indicadas:

Dos delitos e das penas. Trad. Lucia Giudicini e Alessandro Berti Contessa. Rev. Roberto Leal Ferreira. São Paulo: WMF Martins Fontes, 2019.

Questões criminais. Trad. Edson Bini. Bauru: Edipro, 2006.

BERLIN, Isaiah (1909 – 1997). Filósofo e historiador das ideias de nacionalidade russa, naturalizado britânico.

Obras indicadas:

Ideias políticas na era romântica: ascensão e influência no pensamento moderno. Trad. Rosaura Eichenberg. São Paulo: Companhia das Letras, 2009.

As raízes do romantismo. Trad. Isa Maria Lando. São Paulo: Fósforo, 2020.

O ouriço e a raposa: ensaio sobre a visão histórica de Tolstoi. Trad. Maria João Madeira. Lisboa: Guerra & Paz, 2022.

BOBBIO, Norberto (1909 – 2004). Filósofo político e senador vitalício italiano.

Obras indicadas:

Teoria geral do direito. Trad. Denise Agostinetti. São Paulo: Martins Fontes, 2010.

A teoria das formas de governo na história do pensamento político. Trad. Luiz Sérgio Henriques. Bauru: Edipro, 2017.

O positivismo jurídico: lições de Filosofia do Direito. Trad. Luiz Sérgio Henriques. Bauru: Edipro, 2021.

BUARQUE, Chico (1944). Cantor, escritor e compositor brasileiro.

Obras indicadas:

Budapeste. São Paulo: Companhia das Letras, 2003.

Leite derramado. São Paulo: Companhia das Letras, 2009.

Estorvo. São Paulo: Companhia das Letras, 2021.

CALVINO, Ítalo (1923 – 1985). Jornalista e escritor italiano.

Obras indicadas:

Seis propostas para o próximo milênio. Trad. Ivo Barroso. São Paulo: Companhia das Letras, 1990.

As cidades invisíveis. Trad. Diogo Mainardi. São Paulo: Companhia das Letras, 1990.

Por que ler os clássicos. Trad. Nilson Moulin. São Paulo: Companhia das Letras, 2023.

CÂMARA, dom Hélder (1909 – 1999). Arcebispo brasileiro.

Obras indicadas:

Circulares pós-conciliares. ROCHA, Zildo; SIGAL, Daniel (orgs.). Recife: CEPE, 2015.

CARVILLE, James (1944). Consultor político estadunidense.

Obras indicadas:

... And the horse he rode it on: the People vs. Kenneth Starr. New York: Simon & Schuster, 1998.

40 more years: how the democrats will rule de next generation. New York: Simon & Schuster, 2009.

We're still right, they're still wrong: the Democrats' case for 2016. New York: Blue Rider Press, 2016.

CASTRO, Ruy (1948). Escritor e biógrafo brasileiro.

Obras indicadas:

A noite do meu bem: a história e as histórias do Samba Canção. São Paulo: Companhia das Letras, 2015.

Chega de saudade: a história e as histórias da Bossa Nova. São Paulo: Companhia das Letras, 2016.

Metrópole à beira-mar: o Rio moderno dos anos 20. São Paulo: Companhia das Letras, 2019.

O anjo pornográfico: a vida de Nelson Rodrigues. São Paulo: Companhia das Letras, 2022.

CEBRIAN, Juan Luis (1944). Jornalista espanhol.

Obras indicadas:

Francomoribundia. Madrid: Alfaguara, 2011.

Primera página: vida de un periodista 1944-1988. Madrid: Debate, 2016.

Caos: el poder de los idiotas. Madrid: Espasa, 2020.

CHAGAS, José Francisco das (1924 – 2014). Poeta brasileiro.

Obras indicadas:

Lavoura azul. Rio de Janeiro: Civilização Brasileira, 1974.

Os canhões do silêncio. São Paulo: Siciliano, 2002.

Da arte de falar bem: crônicas de saudade e bem-querer. São Luis: Instituto Geia, 2004.

CÍCERO, Marco Túlio (106 a. C. – 43 a. C.). Filósofo, orador, advogado e político romano.

Obras indicadas:

Textos filosóficos. Trad. J. A. Segurado e Campos. Lisboa: Fundação Calouste Gulbenkian, 2018.

As Catilinárias. Trad. Sebastião Tavares de Pinho. Lisboa: Edições 70, 2022.

As Leis. Trad. Bruno Fegni Bassetto. Campinas: Editora da Unicamp, 2022.

CONDORCET, Marie-Jean Antoine Nicolas de Caritat, marquês de (1743 – 1794). Filósofo e matemático francês.

Obras indicadas:

Cinco memórias sobre a instrução pública. Trad. Maria das Graças de Souza. São Paulo: Unesp, 2008.

Esboços de um quadro histórico dos progressos do espírito humano. Trad. Carlos Alberto Ribeiro de Moura. Campinas: Editora da Unicamp, 2013.

Escritos político-constitucionais. Trad. Cristina Foroni Consani. Campinas: Editora da Unicamp, 2014.

CONY, Carlos Heitor (1926 – 2018). Jornalista e escritor brasileiro.

Obras indicadas:

JK e a ditadura. Rio de Janeiro: Objetiva, 2012.

Quase memória. Rio de Janeiro: Nova Fronteira, 2014.

Pilatos. Rio de Janeiro: Nova Fronteira, 2020.

CORTÁZAR, Julio (1914 – 1984). Escritor e tradutor argentino.

Obras indicadas:

O jogo da amarelinha. Trad. Eric Nepomuceno. São Paulo: Companhia das Letras, 2019.

Todos os contos. Trad. Heloisa Jahne Josely Vianna Baptista. São Paulo: Companhia das Letras, 2021.

Os prêmios. Trad. Ernani Ssó. São Paulo: Companhia das Letras, 2023.

COSTA-GAVRAS, Konstantinos (1933). Cineasta grego, naturalizado francês.

Obras indicadas:

Z (1968).

Séction Spéciale (br: *Seção Especial de Justiça*) (1975).

Missing (br: *Desaparecido: um grande mistério*) (1982).

Music box (br: *Muito mais que um crime*) (1989).

Amen (2002).

DE GIORGI, Raffaele (1947). Sociólogo do direito e jusfilósofo italiano.

Obras indicadas:

Temi di filosofia del diritto. v. 1. Lecce: Pensa Multimedia, 2006.

Teoria della società. Milano: Franco Angeli, 2013 (com Niklas Luhmann).

Ciência do direito e legitimação: crítica da epistemologia jurídica alemã de Kelsen a Luhmann. Trad. Pedro Jimenez Cantisano. Curitiba: Juruá, 2017.

(org.) **Limiti del diritto**: prospettive di riflessione e analisi. Lecce: Pensa Multimedia, 2018.

DIDEROT, Denis (1713 – 1784). Filósofo e escritor francês

Obras indicadas:

Jacques, o fatalista, e seu amo. Trad. Magnólia Costa Santos. São Paulo: Nova Alexandria, 2010.

Enciclopédia, ou dicionário razoado das ciências, das artes e dos ofícios. v. 2: o sistema dos conhecimentos. Trad. Maria das Graças de Souza e Luís Fernandes do Nascimento. São Paulo: Unesp, 2015 (com Jean Le Rond d'Alembert).

O sobrinho de Rameau. Trad. Daniel Garrouch. São Paulo: Unesp, 2019.

DICK, Philip K. (1928-1982). Escritor estadunidense.

Obras indicadas:

Espere agora pelo ano passado. Trad. Bráulio Tavares. Rio de Janeiro: Suma, 2018.

O tempo desconjuntado. Trad. Bráulio Tavares. Rio de Janeiro: Suma, 2018.

Blade runner. Trad. Ronaldo Bressane. São Paulo: Aleph, 2019.

DUMAS, Alexandre (1802 – 1870). Romancista e dramaturgo francês.

Obras indicadas:

Os três mosqueteiros. Trad. André Telles e Rodrigo Lacerda. Rio de Janeiro: Zahar, 2010.

O colar da rainha. Trad. Maria Helena Rouanet. Rio de Janeiro: Nova Fronteira, 2020.

O conde de Monte Cristo. Trad. André Telles e Rodrigo Lacerda. Rio de Janeiro: Zahar, 2020.

DUSEK, Eduardo (1954). Ator, cantor, compositor e pianista brasileiro.

Obras indicadas:

Olhar brasileiro (1981)

Cantando no banheiro (1982)

Brega chique (1984)

ECO, Umberto (1932 – 2016). Filósofo, professor, escritor e polímata italiano.

Obras indicadas:

Os limites da interpretação. Trad. Pérola de Carvalho. São Paulo: Perspectiva, 2010.

O fascismo eterno. Trad. Eliana Aguiar. Rio de Janeiro: Record, 2018.

O nome da rosa. Trad. Aurora Fornoni Bernardini e Homero Freitas de Andrade. Rio de Janeiro: Nova Fronteira, 2019.

FAULKNER, William (1897 – 1962). Escritor estadunidense.

Obras indicadas:

O som e a fúria. Trad. Paulo Henriques Britto. São Paulo: Companhia das Letras, 2017.

Absalão, Absalão! Trad. Celso Mauro Paciornik, Julia Romeu e Alceu Chiesorin Nunes. São Paulo: Companhia das Letras, 2020.

Luz em agosto. Trad. Celso Mauro Paciornik. São Paulo: Companhia das Letras, 2021.

FERRAJOLI, Luigi (1940). Jurista italiano.

Obras indicadas:

Direito e razão: teoria do garantismo penal. Trad. Ana Paula Zomer Sica, Fauzi Hassan Choukr, Juarez Tavares e Luiz Flávio Gomes. São Paulo: Revista dos Tribunais, 2013.

A cultura jurídica e a filosofia analítica no século XX. Trad. Alfredo Copetti Neto, Alexandre Salim e Hermes Zaneti Júnior. São Paulo: Saraiva, 2015.

A construção da democracia: teoria do garantismo constitucional. Coord. Trad. Sergio Cademartori. Florianópolis: Emais, 2022.

FRANCE, Anatole (Jacques Anatole François Thibault, mais conhecido como) (1844 – 1924). Escritor francês.

Obras indicadas:

A rebelião dos anjos. Trad. Merle Scoss. São Paulo: AxisMundi, 1995.

O crime de Sylvestre Bonnard. Trad. Marcos de Castro. São Paulo: Record, 2007.

Os deuses têm sede. Trad. Jorge Coli. São Paulo: Unesp, 2022.

FUKUYAMA, [Yoshihiro] Francis (1952). Escritor e economista nipo-estadunidense.

Obras indicadas:

O fim da história e o último homem. Trad. Aulyde S. Rodrigues. Rio de Janeiro: Rocco, 1992.

State-building: governance and world order in the 21st Century. Ithaca: Cornell University Press, 2004.

America at the crossroad: democracy, power, and the neoconservative legacy. New Haven: Yale University Press, 2006.

GARCÍA MÁRQUEZ, Gabriel (1927 – 2014). Escritor e jornalista colombiano.

Obras indicadas:

O amor nos tempos do cólera. Trad. Antônio Callado. Rio de Janeiro: Record, 2009.

Crônica de uma morte anunciada. Trad. Remy Gorga Filho. Rio de Janeiro: Record, 2019.

Cem anos de solidão. Trad. Eric Nepomuceno. Rio de Janeiro: Record, 2022.

GINSBURG, Carlo (1939). Historiador italiano

Obras indicadas:

O queijo e os vermes. Trad. Maria Betânia Amoroso. São Paulo: Companhia das Letras, 2006.

História noturna: decifrando o Sabá. Trad. Nilson Moulin. São Paulo: Companhia das Letras, 2012.

Medo, reverência, terror: quatro ensaios de iconografia política. São Paulo: Companhia das Letras, 2014.

HABERMAS, Jürgen (1929). Filósofo e sociólogo alemão.

Obras indicadas:

Facticidade e validade: contribuições para uma teoria discursiva do direito e da democracia. Trad. Felipe Gonçalves Silva e Rúrion Melo. São Paulo: Unesp, 2020.

Teoria da ação comunicativa, 2 vols. Trad. Luiz Repa. São Paulo: Unesp, 2023.

Consciência moral e ação comunicativa. Trad. Rúrion Melo. São Paulo: Unesp, 2023.

HAN, Byung-Chul (1959). Filósofo sul-coreano.

Obras indicadas:

Sociedade do cansaço. Trad. Enio Paulo Giachini. Petrópolis: Vozes, 2015.

O desaparecimento dos rituais: uma topologia do presente. Trad. Gabriel Salvi Philipson. Petrópolis: Vozes, 2021.

***Vita contemplativa* ou sobre a inatividade**. Trad. Lucas Machado. Petrópolis: Vozes, 2023.

HASSEMER, Winfried (1940 – 2014). Jurista e professor universitário alemão.

Obras indicadas:

Introdução aos fundamentos do Direito Penal. Trad. Paulo Rodrigo Alflen da Silva. Porto Alegre: Fabris, 2005.

Direito Penal: fundamentos, estrutura, política. Trad. Adriana Beckman Meirelles, Carlos Eduardo de Oliveira Vasconcelos, Felipe Rhenius Nitzke, Mariana Ribeiro de Souza e Odim Ferreira Brandão. Porto Alegre: Fabris, 2008.

-¿Por qué castigar? Razones por las que merece la pena la pena. Trad. Manuel Cancio Meliá e Francisco Muñoz Conde. Madrid: TirantLoBlanch, 2016.

HEMINGWAY, Ernest (1899 – 1961). Escritor estadunidense.

Obras indicadas:

O velho e o mar. Trad. Fernando de Castro Ferro. Rio de Janeiro: Bertrand Brasil, 2013.

Paris é uma festa. Trad. Enio Silveira. Rio de Janeiro: Bertrand Brasil, 2013.

Por quem os sinos dobram. Trad. Luiz Peazê. Rio de Janeiro: Bertrand Brasil, 2014.

HOBSBAWM, Eric (1917 – 2012). Historiador britânico.

Obras indicadas:

A Era dos extremos: o breve século XX (1914 – 1991). Trad. Marcos Santarrita. São Paulo: Companhia das Letras, 1997.

Globalização, democracia e terrorismo. Trad. José Viegas Filho. São Paulo: Companhia das Letras, 2007.

Viva la revolución! A era das utopias na América Latina. Trad. Pedro Maia Soares. São Paulo: Companhia das Letras, 2017.

HUXLEY, Aldous (1894 – 1963). Escritor inglês.

Obras indicadas:

Admirável mundo novo. Trad. Vidal de Oliveira. Rio de Janeiro: Biblioteca Azul, 2014.

As portas da percepção e Céu e inferno. Trad. Marcelo Brandão Cipolla e Thiago Blumenthal. Rio de Janeiro: Biblioteca Azul, 2015.

A filosofia perene. Trad. Adriano Scandolara. Rio de Janeiro: Biblioteca Azul, 2020.

JUDT, Tony (1948 – 2010). Historiador, professor universitário e escritor inglês.

Obras indicadas:

Pós-guerra: história da Europa desde 1945. Trad. José Roberto O'Shea. São Paulo: Objetiva, 2008.

Pensando o Século XX. Trad. Otacílio Nunes. São Paulo: Objetiva, 2014 (com Timothy Snyder).

Quando os fatos mudam. Trad. Cláudio Figueiredo. São Paulo: Objetiva, 2016.

KADARÉ, Ismail (1936). Escritor albanês.

Obras indicadas:

Abril despedaçado. Trad. Bernardo Joffily. São Paulo: Companhia das Letras, 1991.

Uma questão de loucura. Trad. Bernardo Joffily. São Paulo: Companhia das Letras, 2007.

O acidente. Trad. Bernardo Joffily. São Paulo: Companhia das Letras, 2010.

KAFKA, Franz (1883 – 1924). Escritor boêmio.

Obras indicadas:

A metamorfose. Trad. Modesto Carone. São Paulo: Companhia das Letras, 1997.

Carta ao pai. Trad. Modesto Carone. São Paulo: Companhia das Letras, 1997.

O processo. Trad. Modesto Carone. São Paulo: Companhia das Letras, 2005.

KANT, Immanuel (1724 – 1804). Filósofo alemão.

Obras indicadas:

Fundamentação da metafísica dos costumes. Trad. Paulo Quintela. Lisboa: Edições 70, 2009.

Crítica da razão prática. Trad. Valério Rohden. São Paulo: Martins Fontes, 2011.

Crítica da razão pura. Trad. Fernando Costa Mattos. Petrópolis: Vozes, 2015.

KELSEN, Hans (1881 – 1973). Jurista e filósofo austríaco.

Obras indicadas:

Teoria pura do direito. Trad. João Baptista Machado. São Paulo: WMF Martins Fontes, 2009.

Teoria geral do direito e do Estado. Trad. Luís Carlos Borges. São Paulo: Martins Fontes, 2016.

Sociedade e natureza: um estudo sociológico. Trad. Pedro Davoglio. São Paulo: Contracorrente, 2022.

KOLAKOWSKI, Leszek (1927 – 2009). Filósofo e historiador polonês.

Obras indicadas:

The alienation of reason: a history of positivism thought. Trad. Norbert Gulerman. New York: Doubleday & Co., 1968.

A modernidade em um julgamento sem fim. Trad. Renato Resende. Rio de Janeiro: Civilização Brasileira, 2021.

Principais correntes do marxismo. Trad. Rodrigo Jungmann. Campinas: Vide Editorial, 2022.

KUHN, Thomas (1922 – 1996). Físico, historiador e filósofo da ciência estadunidense.

Obras indicadas:

A tensão essencial. Trad. Marcelo Amaral Penna-Forte. São Paulo: Unesp, 2011.

A estrutura das revoluções científicas. Trad. Beatriz Vianna Boeira e Nelson Boeira. São Paulo: Perspectiva, 2013.

O caminho desde a estrutura. Trad. Cezar A. Mortari. São Paulo: Unesp, 2017.

LAFER, Celso (1941). Jurista e professor universitário brasileiro.

Obras indicadas:

A reconstrução dos Direitos Humanos: um diálogo com o pensamento de Hannah Arendt. São Paulo: Companhia das Letras, 1988.

Prefácio. In: ARENDT, Hannah. **Homens em tempos sombrios**. Trad. Denise Bottmann. São Paulo: Companhia das Letras, 2008.

Norberto Bobbio: trajetória e obra. São Paulo: Perspectiva, 2013.

LATORRACA, Ney (1944). Ator brasileiro.

Obras indicadas:

Um sonho a mais (1985), novela de Daniel Más.

Memórias de um gigolô (1986), minissérie inspirada no romance homônimo de Marcos Rey.

O mistério de Irma Vap (1986 – 1997). Peça de teatro escrita por Charles Ludlam.

LAUB, Michel (1973). Escritor e jornalista brasileiro.

Obras indicadas:

A maçã envenenada. São Paulo: Companhia das Letras, 2013.

O tribunal da quinta-feira. São Paulo: Companhia das Letras, 2016.

Solução de dois Estados. São Paulo: Companhia das Letras, 2020.

LUHMANN, Niklas (1927 – 1998). Sociólogo alemão.

Obras indicadas:

Sistemas sociais: esboço de uma teoria geral. Trad. Antonio Luz Costa, Roberto Dutra Torres Jr. e Marco Antonio dos Santos Casanova. Petrópolis: Vozes, 2016.

Teoria dos sistemas na prática, v. 1: estrutura social e semântica. Trad. Patrícia da Silva Santos. Petrópolis: Vozes, 2018.

Teoria dos sistemas na prática, v. 2: diferenciação social e modernidade. Trad. Patrícia da Silva Santos e Érica Gonçalves de Castro. Petrópolis: Vozes, 2019.

Teoria dos sistemas na prática, v. 3: história, semântica e sociedade. Trad. Érica Gonçalves de Castro. Petrópolis: Vozes, 2020.

LYRA, Roberto (1902 – 1982). Jurista e advogado brasileiro.

Obras indicadas:

Como julgar, como defender, como acusar. Brasília, Líder, 2002.

Formei-me em direito, e agora? Brasília: Líder, 2008.

Penitência de um penitenciarista. Brasília: Líder, 2013.

LYRA FILHO, Roberto (1926 – 1986). Jurista e professor brasileiro.

Obras indicadas:

A filosofia jurídica nos Estados Unidos da América: revisão crítica. Porto Alegre: Fabris, 1977.

Karl, meu amigo: um diálogo com Marx sobre o direito. Porto Alegre: Fabris, 1983.

O que é direito. São Paulo: Brasiliense, 2000.

MACHADO, Nauro (1935 – 2015). Poeta e escritor brasileiro.

Obras indicadas:

Antologia poética. Rio de Janeiro: Imago, 1998.

Nauro Machado. BARBOSA FILHO, Hildeberto (org.). São Paulo: Global editora, 2005 (Coleção Melhores Poemas).

Percurso de sombras. Rio de Janeiro: Contra Capa, 2013.

MACHADO DE ASSIS, Joaquim Maria (1839 – 1908). Escritor brasileiro.

Obras indicadas:

Memórias póstumas de Brás Cubas. São Paulo: Penguin/ Companhia das Letras, 2014.

O alienista. São Paulo: Penguin/ Companhia das Letras, 2014.

Dom Casmurro. São Paulo: Penguin/ Companhia das Letras, 2016.

MAIAKOVSKI, Vladimir (1893 – 1930). Poeta e dramaturgo russo.

Obras indicadas:

O percevejo. Trad. Luís Antonio Martinez Corrêa. São Paulo: Editora 34, 2009.

Sobre isto. Trad. Letícia Mei. São Paulo: Editora 34, 2018.

Mistério-bufo. Trad. Arlete Cavaliere. São Paulo: Editora 34, 2012.

MARQUES NETO, Agostinho Ramalho (1947). Jurista, professor universitário e psicanalista brasileiro.

Obras indicadas:

A ciência do direito: conceito, objeto, método. Rio de Janeiro: Renovar, 2001.

Leve-me ao seu líder! Articulações entre direito e cultura pop. São Paulo: LTr, 2016 (com Bruno de Carvalho Montejunas, Bruno Tomé Fonseca, Érico Renato Serra Cordeiro e James Magno Araújo Farias).

MARX, Karl (1818 – 1883). Filósofo, sociólogo e economista alemão.

Obras indicadas:

O 18 de Brumário de Luis Bonaparte. Trad. Nélio Schneider. São Paulo: Boitempo, 2011.

Crítica da filosofia do direito de Hegel. Trad. Rubens Enderle e Leonardo de Deus. São Paulo: Boitempo, 2013.

O capital: crítica da economia política, 3 vols. Trad. Rubens Enderle. São Paulo: Boitempo, 2017.

MERLEAU-PONTY, Maurice (1908 – 1961). Filósofo francês.

Obras indicadas:

O primado da percepção e suas consequências filosóficas. Trad. Thiago Martins e Sílvio Rosa Filho. Belo Horizonte/ São Paulo: Autêntica, 2015.

Fenomenologia da percepção. Trad. Carlos Alberto Ribeiro de Moura. São Paulo: WMF Martins Fontes, 2018.

O visível e o invisível. Trad. José Artur Gianotti e Armando Mora d'Oliveira. São Paulo: Perspectiva, 2019.

MILANÉS, Pablo (1943 – 2022). Músico, cantor e compositor cubano.

Obras indicadas:

-El guerrero (1979)

Acto de fe (1982)

Buenos días América (1987)

MILITELLO, Vicenzo (1958). Jurista italiano.

Obras indicadas:

Rischio e responsabilità penale. Milano: Giuffrè, 1998.

Il crimine organizzato come fenômeno transnaziolane: forme di manifestazione, prevenzione e repressione in Italia, Germania e Spagnia. Milano: Giuffrè, 2000 (organizado com Letizia Paoli e Jörg Arnold).

Between criminalization and protection: the italian way of dealing with migrant smuggling and trafficking within the European and international context. Boston: Brill, 2019 (com Alessandro Spena).

MONTELLO, Josué (1917 – 2006). Jornalista, professor, teatrólogo e escritor brasileiro.

Obras indicadas:

Os tambores de São Luis. Rio de Janeiro: Nova Fronteira, 2006.

Os inimigos de Machado de Assis. Rio de Janeiro: Nova Fronteira, 2007.

A luz da estrela morta. Rio de Janeiro: Nova Fronteira, 2009.

MONTENEGRO, Oswaldo (1956 –). Músico, cantor e compositor brasileiro.

Obras indicadas:

Bandolins (1979).

Agonia (1980).

O condor (1985).

MORAES, Vinicius de (1913 – 1980). Poeta, diplomata, cantor e compositor brasileiro.

Obras indicadas:

Livro de sonetos. São Paulo: Companhia das Letras, 2006.

Todo amor. São Paulo: Companhia das Letras, 2017.

Vinícius de Moraes: música, poesia, prosa, teatro. FERRAZ, Eucanaã (org.). Rio de Janeiro: Nova Fronteira, 2017.

MORAIS, Fernando (1946). Escritor, biógrafo, político e jornalista brasileiro.

Obras indicadas:

A ilha: um repórter no país de Fidel Castro. São Paulo: Companhia das Letras, 2001.

Chatô: o rei do Brasil. São Paulo: Companhia das Letras, 2011.

Lula. Biografia, v. 1. São Paulo: Companhia das Letras, 2021.

Olga. São Paulo: Companhia das Letras, 2022.

MOUFFE, Chantal (1943). Cientista política belga.

Obras indicadas:

The democratic paradox. London/ New York: Verso, 2000.

On the political. London/ New York: Routledge, 2005.

Agnostics: thinking the world politically. London/ New York: Verso, 2013.

NANINI, Marco (1948). Ator, produtor teatral e dramaturgo brasileiro.

Obras indicadas:

Um sonho a mais (1985), novela de Daniel Más.

Brega &chique (1987), novela de Cassiano Gabus Mendes.

Irma Vap, o retorno (2006), dir. Carla Camuratti.

NERUDA, Pablo (Ricardo Eliécer Neftalí Reyes Basoalto, mais conhecido como) (1904 – 1973). Poeta, diplomata e político chileno.

Obras indicadas:

Teus pés toco na sombra e outros poemas inéditos. Trad. Alexei Bueno. Rio de Janeiro: José Olympio, 2015.

Confesso que vivi. Trad. Olga Savary e Luís Carlos Cabral. Rio de Janeiro: Bertrand Brasil, 2019.

Vinte poemas de amor e uma canção desesperada. Trad. Domingos Carvalho da Silva. Porto Alegre: LP&M, 2020.

NIETZSCHE, Friedrich (1844 – 1900). Filósofo e filólogo prussiano.

Obras indicadas:

Genealogia da moral. Trad. Paulo César de Souza. São Paulo: Companhia das Letras, 2009.

A gaia ciência. Trad. Paulo César de Souza. São Paulo: Companhia das Letras, 2012.

Assim falou Zaratustra: um livro para todos e para ninguém. Trad. Paulo César de Souza. São Paulo: Companhia das Letras, 2018.

ORTEGA Y GASSET, José (1883 – 1955). Filósofo e jornalista espanhol.

Obras indicadas:

A rebelião das massas. Trad. Felipe Denardi. Campinas: Vide, 2016.

O que é filosofia? Trad. Felipe Denardi. Campinas: Vide, 2016.

Lições de metafísica. Trad. Felipe Denardi. Campinas: Vide, 2019.

ORWELL, George (Eric Arthur Blair, mais conhecido como) (1903 – 1950). Escritor, jornalista e ensaísta inglês.

Obras indicadas:

A revolução dos bichos: um conto de fadas. Trad. Heitor Aquino Ferreira. São Paulo: Companhia das Letras, 2007.

1984. Trad. Heloísa Jahn e Alexandre Hubner. São Paulo: Companhia das Letras, 2009.

O que é fascismo? e outros ensaios. Trad. Paulo Geiger. São Paulo: Companhia das Letras, 2017.

PEDRA AZUL, Paulinho (1954). Cantor, compositor, poeta e artista plástico brasileiro.

Obras indicadas:

Jardim da fantasia (1982)

Uma janela dentro dos meus olhos (1984)

Papagaio de papel (1989)

PLATÃO (428/427 a. C. – 348/347 a. C.). Filósofo e matemático grego.

Obras indicadas:

O banquete. Trad. Jair Lot Vieira e Edson Bini. Bauru: Edipro, 2017.

A República. Trad. Edson Bini. Bauru: Edipro, 2019.

Apologia de Sócrates. Trad. Edson Bini. Bauru: Edipro, 2019.

POSTMAN, Neil (1931 – 2003). Autor, educador e crítico cultural estadunidense.

Obras indicadas:

Amusing ourselves to death: public discourse in the age of show business. New York: Penguin, 2005.

Building a bridge to the 18th Century: how the past can improve our future. New York: Vintage, 2011.

Technopoly: the surrender of culture to technology. New York: Vintage, 2011.

A casa verde. Trad. Paulina Wacht e Ari Roitman. Rio de Janeiro: Alfaguara, 2010.

VELOSO, Caetano (1942). Cantor, compositor, músico, produtor musical e escritor brasileiro.

Obras indicadas:

Antropofagia. São Paulo: Penguin/ Companhia das Letras, 2012.

Verdade tropical. São Paulo: Companhia das Letras, 2017.

Narciso em férias. São Paulo: Companhia das Letras, 2020.

VENTURA, Zuenir (1931). Jornalista e escritor brasileiro.

Obras indicadas:

Mal secreto: inveja. São Paulo: Objetiva, 1998.

1968: o ano que não terminou. São Paulo: Planeta, 2008.

1968: o que fizemos de nós. São Paulo: Objetiva, 2013.

VENTURINI, Flavio (1949). Músico, cantor e compositor brasileiro.

Obras indicadas:

14 Bis II (1980)

Nascente (1982)

O andarilho (1984)

VOLTAIRE (François-Marie Arouet, mais conhecido como) (1694 – 1778). Escritor e filósofo francês.

Obras indicadas:

A filosofia da História. Trad. Eduardo Brandão. São Paulo: Martins Fontes, 2007.

Cândido, ou o otimismo. Trad. Mário Laranjeira. São Paulo: Penguin/ Companhia das Letras, 2012.

Tratado sobre a tolerância. Trad. Leandro Cardoso Marques da Silva. Bauru: Edipro, 21017.

WARAT, Luis Alberto (1941 – 2010). Jurista e filósofo do direito argentino, naturalizado brasileiro.

Obras indicadas:

Introdução geral ao direito, 3 vols. Porto Alegre: Fabris, 1994 (v. 1), 1995 (v. 2) e 1997 (v. 3).

A ciência jurídica e seus dois maridos. Florianópolis: Emais, 2023.

O ofício do mediador. Florianópolis: Emais, 2023.

Impressão e acabamento: Log&Print Gráfica, Dados Variáveis e Logística S.A.

EDITORA JusPODIVM

www.editorajuspodivm.com.br

JUS3383

RIO, João do (João Paulo Emílio Cristóvão dos Santos Coelho Barreto, mais conhecido como) (1881 – 1921). Jornalista, tradutor, teatrólogo e escritor brasileiro.

Obras indicadas:

A alma encantadora das ruas. São Paulo: Companhia das Letras, 2008.

Melhores crônicas de João do Rio. BOUÇAS, Edmundo; GOES, Fred (orgs.). São Paulo: Global, 2009.

Vida vertiginosa. Rio de Janeiro: José Olympio, 2021.

RODRIGUES, Nelson (1912 – 1980). Jornalista, escritor e dramaturgo brasileiro.

Obras indicadas:

O óbvio ululante. Rio de Janeiro: Nova Fronteira, 2017.

A vida como ela é... Rio de Janeiro: Nova Fronteira, 2022.

Teatro completo. Rio de Janeiro: Nova Fronteira, 2023.

ROSA, Noel (1910 – 1937). Cantor, compositor e instrumentista brasileiro.

Obras indicadas:

Noel Rosa e sua Turma da Vila (1968).

Noel por Noel (1971).

Noel Rosa (1975).

Coisas Nossas (1982).

Noel Rosa (1983).

Noel Rosa – Inédito e Desconhecido (1983).

SAGAN, Carl (1934 – 1996). Astrônomo, astrofísico e escritor estadunidense.

Obras indicadas:

O mundo assombrado pelos demônios. Trad. Rosaura Eichenberg. São Paulo: Companhia das Letras, 2006.

Cosmos. Trad. Paul Geiger. São Paulo: Companhia das Letras, 2017.

Pálido ponto azul: uma visão do futuro da humanidade no espaço. São Paulo: Companhia das Letras, 2019.

SALDANHA, Nelson (1933 – 2015). Jurista, filósofo, professor, poeta e polímata brasileiro.

Obras indicadas:

Ordem e hermenêutica: sobre as relações entre as formas de organização e o pensamento interpretativo, principalmente no direito. Rio de Janeiro: Renovar, 1992.

O jardim e a praça: o privado e o público na vida social e histórica. São Paulo: Edusp, 1993.

Da teologia à metodologia: secularização e crise do pensamento jurídico. Belo Horizonte: Del Rey, 2005.

O Estado moderno e a separação de poderes. São Paulo: Quartier Latin, 2019.

SCHMITT, Carl (1888 – 1985). Filósofo, jurista e teórico político alemão.

Obras indicadas:

Political theology: four chapters on the concept of sovereignty. Trad. George Schwab. Chicago: University of Chicago Press, 2006.

Teoría de la Constitución. Trad. Francisco Ayala. Madrid: Alianza, 2011.

O conceito do político. Trad. Alexandre Franco de Sá. Lisboa: Edições 70, 2015.

SCHÜNEMANN, Bernd (1944). Jurista e filósofo do direito alemão.

Obras indicadas:

Temas actuales y permanentes del derecho penal después del milenio. Trad. Marina Sacher. Madrid: Tecnos, 2002.

Estudos de Direito Penal, Direito Processual Penal e Filosofia do Direito. Trad. Adriano Teixeira, Alaor Leite, Ana Cláudia Grossi, Danielle Campos, Heloísa Estelita e Luis Greco. São Paulo: Marcial Pons, 2013.

El derecho penal en el Estado democrático de Derecho y el irrenunciable nivel de racionalidad de su dogmática. Trad. Carmen Pérez-Sauquillo Muñoz e Raquel Roso Cañadillas. Madrid: Reus, 2019.

SOSA, Mercedes (1935 – 2009). Cantora argentina.

Obras indicadas:

Mercedes Sosa interpreta a Atahualpa Yupanqui (1977)

Si se calla el cantor (1977)

Gravado ao vivo no Brasil (1980)

SOUSA JR., José Geraldo de (1947). Jurista, sociólogo do direito e professor universitário brasileiro.

Obras indicadas:

Para uma crítica da eficácia do direito: anomia e outros aspectos fundamentais. Porto Alegre: Fabris, 1984.

Direito como liberdade: o direito achado na rua. Porto Alegre: Fabris, 2012.

Lido para você: direito, cinema e literatura. São Paulo/ Belo Horizonte: Dialética, 2023.

TARANTINO, Quentin (1963). Cineasta, crítico de cinema, roteirista e ator estadunidense.

Obras indicadas:

Pulp Fiction: tempo de violência (1994). Filme vencedor da Palma de Ouro no Festival de Cannes.

Jackie Brown (1997)

Bastardos Inglórios (2009)

TOLSTOI, Lev (1828 – 1910). Escritor russo.

Obras indicadas:

A morte de Ivan Ilitch. Trad. Boris Schnaiderman. São Paulo: Editora 34, 2009.

Guerra e paz. Trad. Rubens Figueiredo. São Paulo: Companhia das Letras, 2017.

Anna Kariênina. Trad. Irineu Franco Perpétuo. São Paulo: Editora 34, 2021.

TOULMIN, Stephen (1922 – 2009). Filósofo britânico.

Obras indicadas:

Cosmopolis: the hidden agenda of modernity. Chicago: University of Chicago Press, 1992.

The philosophy of science: an introduction. Melbourne: Hassell Street Press, 2021.

Os usos do argumento. Trad. Reynaldo Guarany. São Paulo: WMF Martins Fontes, 2022.

VALENÇA, Alceu (1946). Cantor, compositor, instrumentista e advogado brasileiro.

Obras indicadas:

Molhado de suor (1974)

Coração bobo (1980)

Cavalo de pau (1982)

Estação da luz (1985)

Leque moleque (1987)

VARGAS LLOSA, Mario (1936). Escritor, político e professor u tário peruano.

Obras indicadas:

A cidade e os cachorros. Trad. Samuel Titan Jr. Rio de Janeiro: 2007.

A guerra do fim do mundo. Trad. Paulina Wacht e Ari Roi Janeiro: Alfaguara, 2008.